高校转型发展系列教材

城市轨道交通调度实训教程

成 鹰 潘 峰 主编

汪 楠 于 洁 刘文钱 副主编

清华大学出版社

北京

内容简介

本实训以实验系统的信号、通信为支持，可实现在中控室里对列车运行的实时显示及区段透明、车次号追踪、列车进路按计划自动排路、行车计划与调度命令等功能的实习指导。本书可用于控制中心行车调度员、车站值班员、停车场信号调度员等岗位的正常和故障情况下操作技能和业务流程的培训。

图书在版编目(CIP)数据

城市轨道交通调度实训教程/成鹰，潘峰主编. —北京：清华大学出版社，2016
(高校转型发展系列教材)
ISBN 978-7-302-45041-2

Ⅰ. ①城… Ⅱ. ①成… ②潘… Ⅲ. ①城市铁路－轨道交通－运输调度－高等学校－教材
Ⅳ. ①U239.5

中国版本图书馆CIP数据核字(2016)第218528号

责任编辑：许 龙 赵从棉
封面设计：常雪影
责任校对：赵丽敏
责任印制：何 芊

出版发行：清华大学出版社
网 址：http://www.tup.com.cn，http://www.wqbook.com
地 址：北京清华大学学研大厦A座 邮 编：100084
社 总 机：010-62770175 邮 购：010-62786544
投稿与读者服务：010-62776969，c-service@tup.tsinghua.edu.cn
质量反馈：010-62772015，zhiliang@tup.tsinghua.edu.cn
印 刷 者：三河市君旺印务有限公司
装 订 者：三河市新茂装订有限公司
经 销：全国新华书店
开 本：185mm×260mm 印 张：10.75 字 数：262千字
版 次：2016年10月第1版 印 次：2016年10月第1次印刷
印 数：1～2000
定 价：29.80元

产品编号：069979-01

前言

Preface

本书是根据沈阳大学交通运输专业教学计划“城市轨道交通调度实训”课程的教学要求，针对轨道交通综合实验室实训环境编写的，可以面向交通运输专业的专业课程的实验环节、专业实训课程以及相关岗位的技能培训等。

为了使读者能进一步巩固理论教学内容，加强实际技能，锻炼并提高分析问题、解决问题的能力，依据教学计划的要求，实训内容包括：轨道交通综合演练沙盘、LOW 现场操作工作站、C-LOW 中心操作工作站、LCP 现场控制工作盘、TGI 列车运行图编辑和监控系统、TCS 列车控制系统、车辆段微机联锁系统等。可以实现线路以上列车行车调度信号、指挥系统和调度系统的模拟实训；包括相应软件支持，能够模拟演示信号故障，演绎行车规则，训练行调和值班站长对事故处理的能力；能够真实地显示出操作列车运行图、列车闭塞、运行等，可以使学生掌握轨道车站工作组织和调度指挥。作为实习实训指导书，主要针对轨道交通专业学员，同时可供高职学生、成人教育以及在职人员使用。

根据教学计划要求，本书分三篇：知识篇，包括第 1 至第 4 章，介绍相关的轨道交通知识，为后面的实践部分提供理论基础；技术篇，包括第 5 至第 13 章，主要介绍模拟操作平台的操作技术，通过这篇内容的学习，可以熟练操作平台的模拟程序，以达到对轨道交通的调度与组织；实践篇，包括第 14 至第 16 章，通过设置一些实操项目来检验对技术篇的掌握情况。

本书由成鹰、潘峰担任主编，汪楠、于洁、刘文钱担任副主编。

在本书的编写过程中借鉴了一些网上资源和相关资料，以及新干线教学设备公司的帮助，在此谨向相关机构和作者致以诚意谢意。由于作者水平有限，疏漏之处在所难免，恳请专家和读者批评指正。

编　者

2016 年 4 月

目录

Contents

知 识 篇

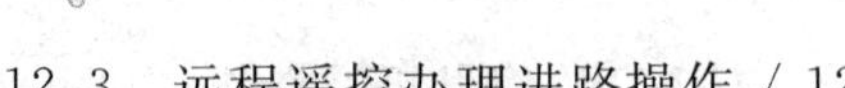

实 践 篇

知 识 篇

第1章

轨道交通线路

1.1　轨道交通线路的分类

轨道交通线路是完成城市旅客运输的主要设备，是机车车辆和列车运行的基础，是地铁运输最主要、最基本的技术设施，轨道交通线路为地铁运输列车提供了最基本的条件。轨道交通线路应该经常保持良好的状态，使列车能按规定的速度，安全、平稳、不间断地运行，保证城市轨道交通能够顺利地完成旅客运输任务。

1. 按线路与地面的关系分类

按线路与地面的关系分为地下线、地面线、高架线。

地下线：一般选择在城市中心繁华地区，是对城市环境影响最小的一种线路敷设方式。

地面线：是造价最低的一种敷设方式，一般敷设在有条件的城市道路或郊区。

高架线：是介于地面和地下之间的一种线路，既保持了专用道的形式，占地较少，又对城市交通干扰较小。

2. 按线路在运营中的作用分类

按线路在运营中的作用分为正线、辅助线、车场线。

1）正线

正线是指贯穿全线各站、区间，供车辆运行的线路。轨道交通正线是独立运行的线路，一般按双线设计，均采用车辆上下分行的右侧行车制。大多数线路为全封闭，与其他交通线路相交处，一般采用立体交叉。

2）辅助线

辅助线是未来保证正线运营而配置的线路，为车辆提供折返、停放、检查、转线及出入段作业所运行的线路，包括折返线、渡线、停车线、车辆段出入线和联络线等。

(1) 折返线

折返线是在线路两端终点站，或者准备开行折返列车的区间站，供运营车辆往返运行时调头而设置的线路，如图 1-1 所示。

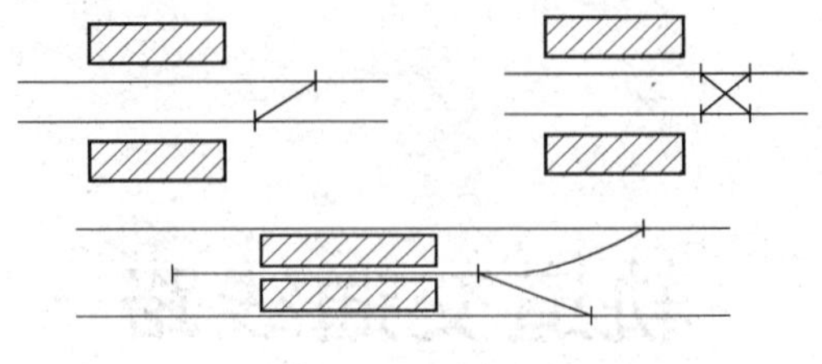

图 1-1　折返线示意图

(2) 渡线

渡线是指在上、下行正线之间(或其他平行线路之间)设置的连接线，通过一组联动道岔达到转线的目的。渡线有单渡线和交叉渡线之分，如图 1-2 所示。

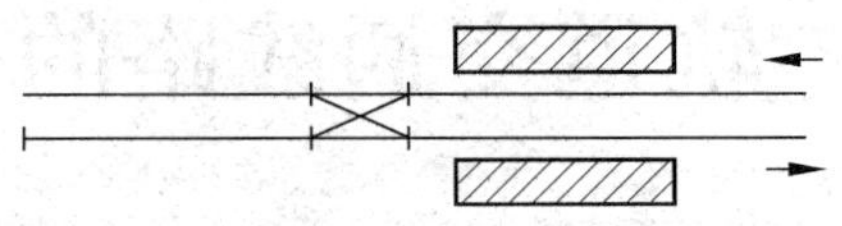

图 1-2　渡线示意图

(3) 停车线

停车线用于车辆停放，并可进行少量检修作业，一般设置在终点站或区间站。停车线设置形式与折返线类似，如图 1-3 所示。

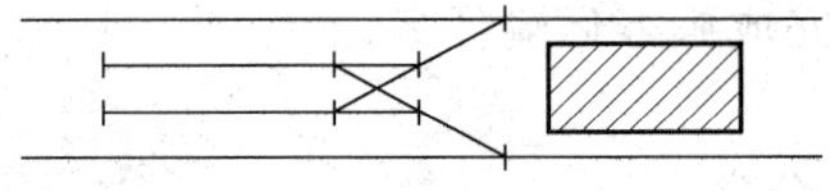

图 1-3　停车线示意图

(4) 车辆段出入线

车辆段出入线是车辆段与正线之间的连接线，是车辆段与正线之间的联络通道，车辆段出入线可设为单线或双线、平交或立体交叉线路，如图 1-4 所示。

图 1-4　车辆段出入线示意图

（5）联络线

联络线用于在不同制式的线路之间实现车辆过轨运行，其位置由线网规划确定。联络线是车辆送修的通道，也是调转运营车辆的通道；联络线可作为临时运营正线，也可作为后建线路的设备运输通道，按其布置形式可分为单线联络线、双线联络线。

3）车场线

除正线以外，每一条运营线都设有一个车辆基地，内部铺有若干相互连接的线路，用于停放停运后车辆入库、检修等作业，这些线路统称为车场线。车场线具体包括停车线、检修线、试验线、洗车线、出入库线。选线包括选择设计线路的走向、路由、车站分布、辅助线分布、交叉形式和铺设方式等。

1.2　车　　站

在轨道交通的线路上，供车辆到、发、通过及乘客正常乘降的分界点称为车站，它是轨道交通线路的电气设备、信号设备、控制设备等集中的场所，也是运营、管理人员工作的场所。车站可按相对位置、运营性质、结构等不同进行分类。

1. 按车站与地面的相对位置分类

按车站与地面的相对位置，分为地面车站、高架车站和地下车站，如图 1-5～图 1-7 所示。

图 1-5　地面车站示意图

图 1-6 高架车站示意图

图 1-7 地下车站示意图

2. 按运营性质分类

按运营性质，分为中间站、区域站、换乘站、枢纽站、联运站和终点站。车站按运营性质分类示意图如图 1-8 所示。

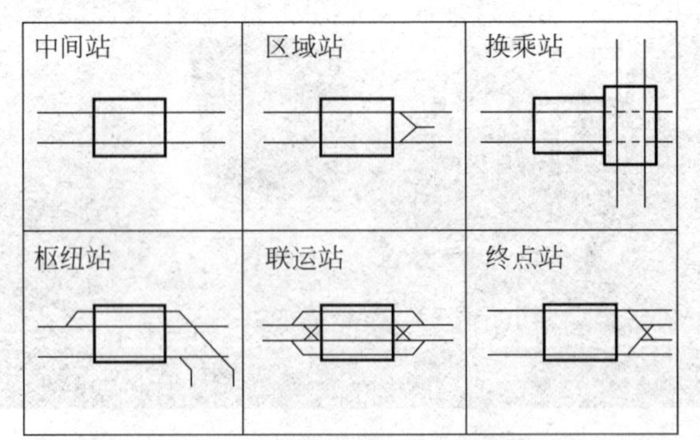

图 1-8 车站按运营性质分类示意图

3. 按站台型式分类

1）岛式站台

站台位于上、下行行车线路之间，这种站台布置形式称为岛式站台。具有岛式站台的车站称为岛式站台车站（简称岛式车站），如图 1-9 所示。

图 1-9 岛式车站

2）侧式站台

站台位于上、下行车线路的两侧，这种站台布置形式称为侧式站台。具有侧式站台的车站称为侧式站台车站（简称侧式车站），如图 1-10 所示。

图 1-10 侧式车站

3）岛、侧混合式站台

将岛式站台及侧式站台同设在一个车站内，具有这种站台形式的车站称为岛、侧混合式站台车站（简称岛、侧混合式车站），如图 1-11 所示。

车站的结构简图如图 1-12 所示，其中图 1-12（a）为岛式车站，图 1-12（b）为侧式车站，图 1-12（c）为岛、侧混合式车站。

4. 按站桥结构形式分类

站桥合一车站：高架车站的结构和站内轨道结构做在一起。

站桥分离车站：高架车站的结构和站内轨道结构分开做。

图 1-11　岛、侧混合式车站

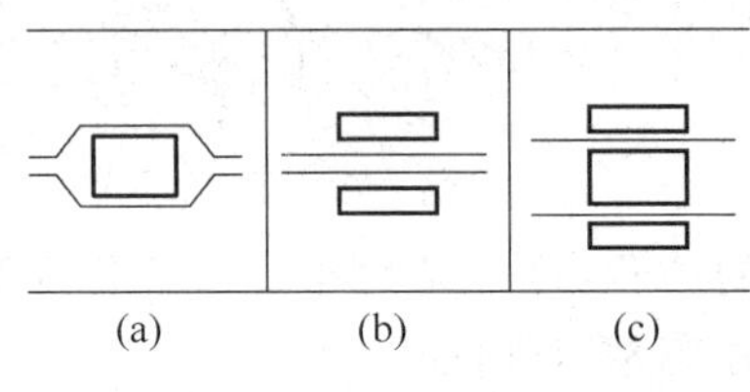

图 1-12　车站结构简图

1.3　轨　　道

轨道一般由钢轨、链接零件、轨枕、扣件和道床组成。

1. 钢轨

钢轨是轨道的主要部件，采用工字形断面，由轨头、轨腰和轨底三部分组成，如图 1-13 所示。它用于引导机车车辆行驶，并将所承受的荷载传布于轨枕、道床及路基，同时，为车轮的滚动提供阻力最小的接触面。

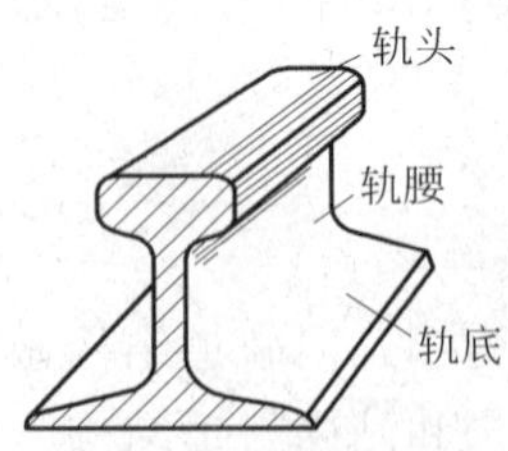

图 1-13　钢轨断面示意图

2. 链接零件

链接零件包括夹板、螺栓、螺母、弹簧垫圈等。其作用是在接头处把钢轨连接起来，使钢轨部分具有与钢轨一样的整体性，以抵抗弯曲和位移，如图 1-14 所示。

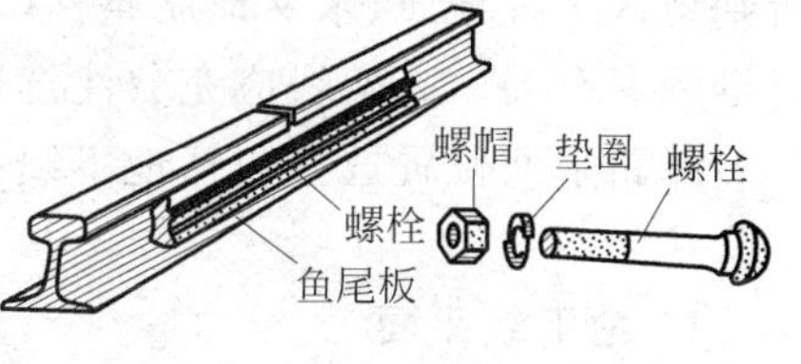

图 1-14 链接零件示意图

3. 轨枕

轨枕是轨下基础的重要部件。它的功能是支承钢轨，保持轨距和方向，并将钢轨对它的各向压力传递到道床上，使用扣件把轨枕和钢轨连在一起形成“轨道框架”，增加了轨道结构的横向刚度。轨枕主要有木枕和钢筋混凝土枕两类，如图 1-15 所示。

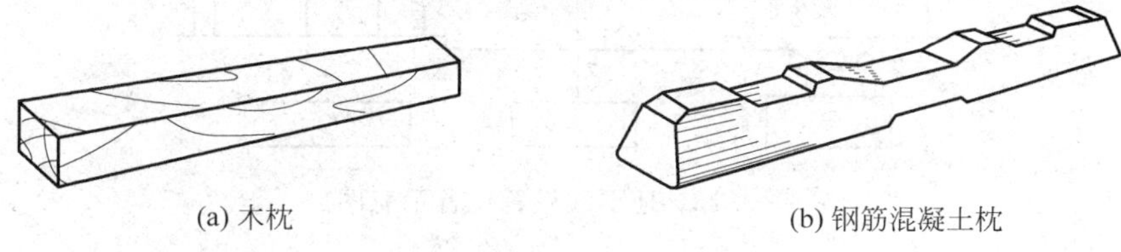

(a) 木枕　(b) 钢筋混凝土枕

图 1-15 轨枕示意图

4. 扣件

钢轨与轨枕的链接是通过中间链接零件实现的，中间链接零件又称为扣件，其作用是将钢轨固定在轨枕上，即具有一定的扣压力，以保持轨距和阻止钢轨相对轨枕的纵、横向移动，确保轨距正常，并在机车车辆的动力作用下，充分发挥缓冲减振性能，延缓线路残余变形的积累。

5. 道床

用石渣铺筑而成的道床作为轨道的基础。应满足坚韧，吸水度低，排水性能好，耐冻性强，不易风化，不易压碎、捣碎和磨碎，不易被风吹走和被水冲走的要求。

1.4 线路的平面

轨道交通线路平面设计一般是在确定线路走向和路由的情况下，对线路的平面位置及各技术要素进行计算，最终确定线路的准确位置。轨道交通线路按地面高度差异分为地面线、地下线和高架线。地面线的坡度应与城市道路相当，以减少工程量。地下线的埋深受到所到地区工程地质、水文地质条件限制，还与隧道施工方法、地面建筑物和地下构筑物的情况等因素有关。高架线应充分注意城市景观，考虑机车牵引能力，坡度尽量延长。

线路平面位置选择包括地下线平面选择、高架线平面位置选择、地面线平面位置选择。

1. 地下线平面

轨道交通的地下线路位于城市规划道路红线范围内，是常用的线路平面位置形式。它的特点是对道路红线范围以外的城市建筑物干扰较小。图 1-16 为地下线的三种代表位置。

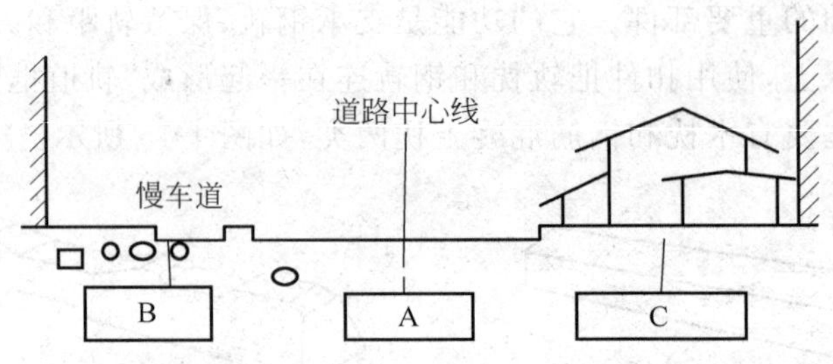

图 1-16　地下线设置位置示意图

A 位：地铁线路居城市主干道中心，对两侧建筑物影响小，地下管网拆迁较少，有利于地铁线路截弯取直，减少曲线数量，并能适应较窄的道路红线宽度。缺点是当采用明挖法施工时，破坏了现有道路路面，对城市交通干扰大。

B 位：地铁线路位于待拆迁的已有建筑物下方，对现有道路及交通基本不破坏和干扰，地下管道网也极少。但房屋拆迁及安置量大，只有与城市道路改造同步进行，才十分有利。

C 位：在某些条件下，轨道交通地下线路置于道路范围之外，可以达到缩短线路长度、减少拆迁、降低工程造价之目的。

2. 高架线平面

高架线路平面位置选择，较地下线路严格，自由度更少，一般要沿着城市主干道平行设置，道路红线宽度宜大于 40m。在道路横断面上，轨道交通高架桥墩柱位置要与主干道行车分隔带配合，一般宜将桥柱置于分隔带上，如图 1-17 所示。

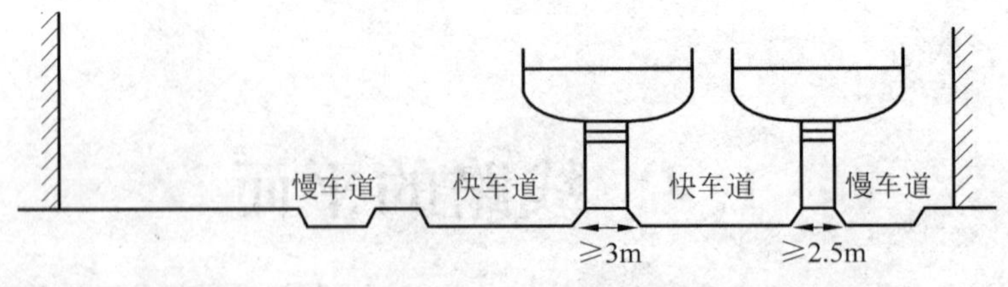

图 1-17　高架线设置位置示意图

3. 地面线平面

轨道交通地面线位于道路中心带上，带宽一般为 20m 左右，如图 1-18 所示。当城市快速路或主干道的中间有分隔带时，地面线设于该分隔带上，不阻隔两侧建筑物内的车辆按右行方向出入，不需要设置辅路，有利于布置城市景观及减少轨道交通噪声的干扰，其不足之处是乘客均需要通过地道或天桥进入轨道交通站台。

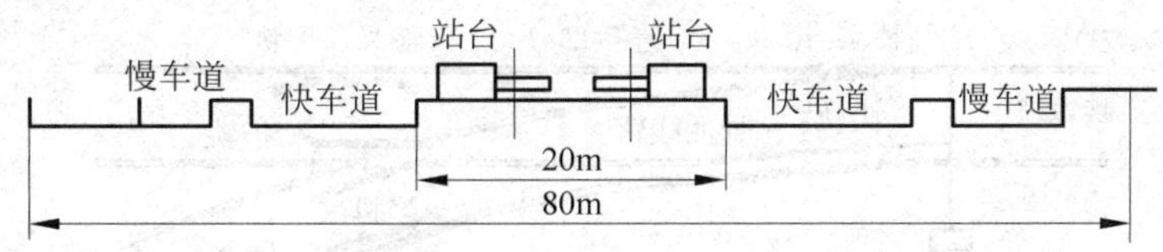

图 1-18　地面线设置位置示意图

1.5 道　岔

1. 道岔概述

轨道交通车辆运行中，常常需要由一条线路转入另一条线路，或跨越其他线路，这就需要在线路中设置连接和交叉设备，即道岔，如图 1-19 所示。道岔是轨道交通的重要组成部分，是复杂的线路设备。通常在车站、编组站大量铺设，有了道岔，可以充分发挥线路的通过能力。即使是单线铁路，铺设了道岔，修筑一段大于列车长度的叉线，就可以实现对开车辆。

一组道岔由转辙器(railroad switch)、岔心、两根护轨和岔枕组成，由长柄以杠杆原理拨动两根活动轨道，使车辆轮缘依开通方向驶入预定进路。

图 1-19　道岔

由于道岔具有数量多、构造复杂、使用寿命短、限制列车速度、行车安全性低、养护维修投入大等特点，与曲线、接头并称为轨道的三大薄弱环节。它的基本形式有三种，即线路的连接、交叉、连接与交叉的组合。常见的普通单开道岔，由转辙器、连接部分、辙叉及护轨三个单元组成，转辙器包括基本轨、尖轨和转辙机械。当机车车辆要从 A 股道转入 B 股道时，操纵转辙机械使尖轨移动位置，尖轨 1 密贴基本轨 1，尖轨 2 脱离基本轨 2，这样就开通了 B 股道，关闭了 A 股道，机车车辆进入连接部分沿着导曲线轨过渡到辙叉和护轨单元，如图 1-20

所示。这个单元包括固定辙叉心、翼轨及护轨,作用是保护车轮安全通过两股轨线的交叉之处。

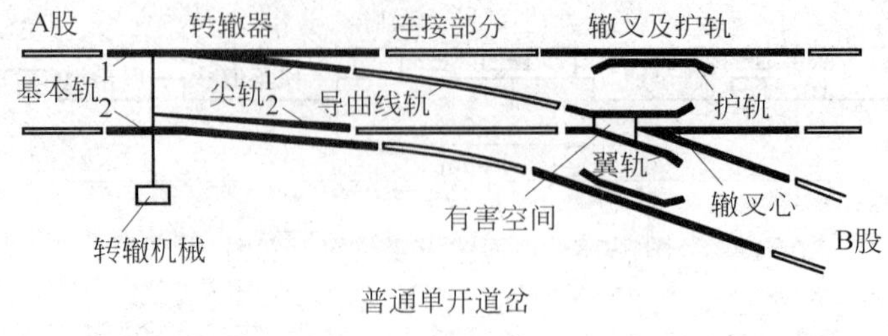

普通单开道岔

图 1-20 道岔结构图

车轮在通过辙叉时,从两根翼轨的最窄处到辙叉心的最尖端之间有一段空隙,这就是道岔的有害空间,见图 1-20。车轮通过此处时,有可能因走错辙叉槽而引起脱轨。设置护轨的目的也就在于此,它要强制引导车轮的运行方向。尽管如此,这个有害空间的存在限制了列车通过道岔的速度,对开行高速列车十分不利,解决道岔有害空间的根本之道就是活动心轨道岔。

活动心轨最主要的特点是辙叉心轨可以扳动,如图 1-21 所示。当要开通某一方向股道时,活动心轨的辙叉心轨就与开通方向一致的翼轨密贴,与另一翼轨分开,这样一来,普通道岔的有害空间就不存在了。实践证明,消灭了道岔有害空间,可以使行车更加平稳,过岔速度限制较小,因而特别适合运量大、需要开行高速列车的线路使用。

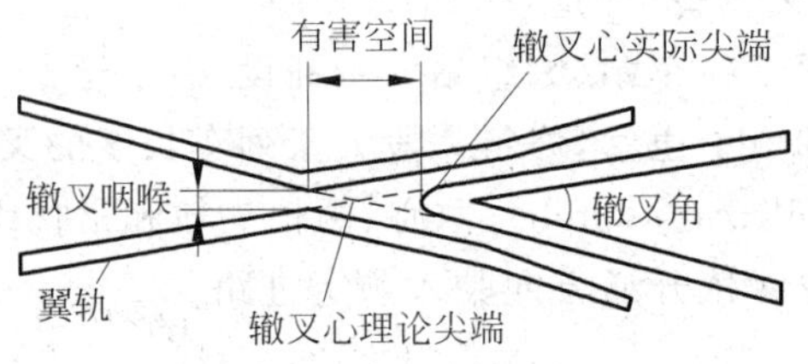

图 1-21 辙叉心轨结构示意图

2. 道岔分类

道岔的结构,最常见的有三种类型,即:单开道岔、对开道岔和复式交分道岔。单开道岔有左开和右开两种。左开和右开可以这样来确定:人站在尖轨这一端,面向辙叉观看,如侧线从主线左边分出为左开,从主线右侧分出为右开。这种道岔采用最为广泛,约占各类道岔总数的95%以上。对开道岔,其特点是主线中心线的延长线恰好将辙叉角二等分。在辙叉角相同的条件下,与单开道岔相比,它的全长短些,多在驼峰编组场使用。

双开道岔为 Y 形,即与道岔相衔接的两股道向两侧分岔,如图 1-22 所示。

三开道岔如同 Ψ 形,同时衔接三股道,由两组转辙机械操纵两套尖轨,如图 1-23 所示。

复式交分道岔像 X 形,实际上相当于四组单开道岔和一副菱形交叉的组合,如图 1-24 所示。

除此而外,还有一种交叉设备,通常使用的叫做菱形交叉。它由两组锐角辙叉和两组钝角辙叉组成,但没有转辙器,所以股道之间不能转线。

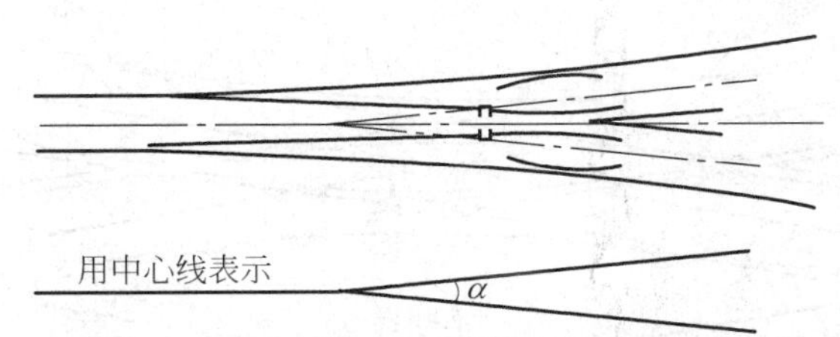

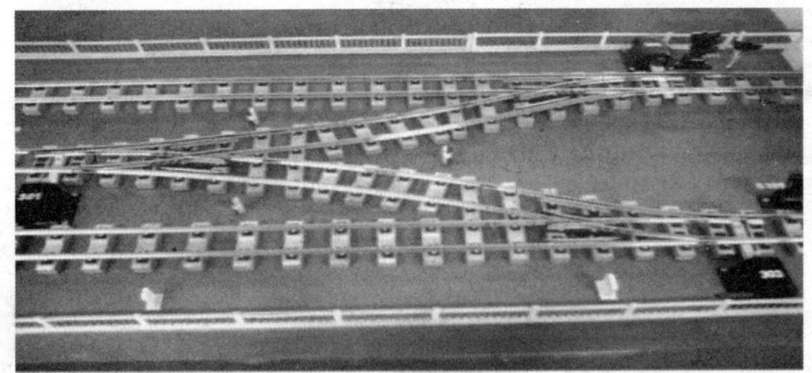

图 1-22 双开道岔示意图

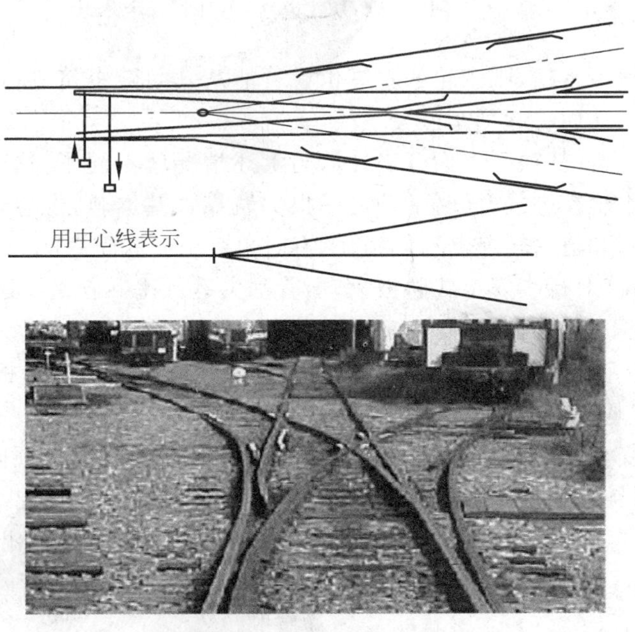

图 1-23 三开道岔示意图

如果将复式交分道岔的 X 形的上面两点和下面两点分别连接起来，就是交叉渡线。它不仅能开通较多的方向，而且占地不多，所以经常在车站采用。

3. 对向道岔和顺向道岔

道岔尖轨的尖端叫岔尖。列车迎着岔尖运行时，如果道岔位置扳错了，则列车就开到另一条线路上去了。当这条线路上已经停有车辆，就会造成列车冲突。有时道岔位置虽然对，

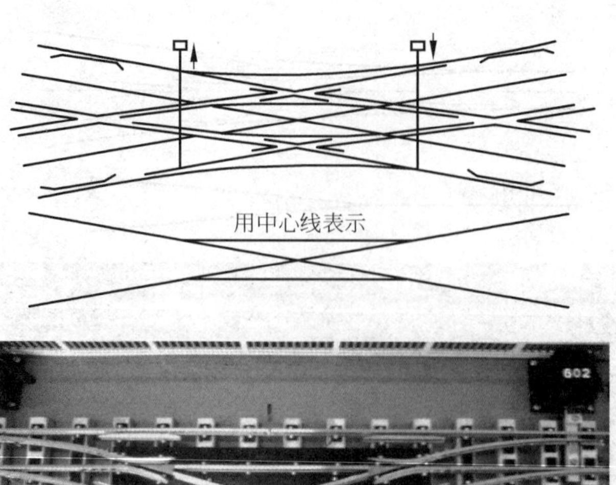

图 1-24　复式道岔示意图

但如果尖轨与基本轨不密贴，则车轮的轮缘也有可能从其间隙中挤进，造成"四股"(前后车轮进入不同的轨道)，从而引起列车颠覆事故。

列车顺着岔尖运行(从辙叉方面开来)时，与上述情况就不同了，这时道岔位置不对，轮缘可以从尖轨与基本轨挤进去，同时推动另一根尖轨靠近基本轨，发生这种情况叫做挤岔。挤岔时有可能使道岔和道岔转换器遭到损伤，有时也会引起脱轨事故。

由以上可见，道岔对行车安全威胁极大，迎着岔尖运行比顺着岔尖运行威胁更大。正因为如此，所以应当把上述两种情况区分开：迎着岔尖运行时，称该道岔为对向道岔；顺着岔尖运行，又称该道岔为顺向道岔。要注意，所谓对向道岔和顺向道岔是根据列车的运行方向来区别的。因此，同是一个道岔有时是对向道岔，有时又是顺向道岔。

为了保证行车安全，凡是列车经过的道岔，不论是对向道岔还是顺向道岔，都要和信号机发生作用(叫做联锁)，如果道岔位置不对，就不能使信号机开放给出绿灯，在电动的道岔转换器和道岔锁闭器(叫做电动转辙机)的构造上，也要使之能够反映出道岔不密贴和挤岔等危险情况。

4. 单动道岔和双动道岔

扳动一根道岔握柄(手动道岔的操纵元件)或按压一个道岔按钮(电动道岔的操作元件)，仅能使一组道岔转换，则称该道岔为单动道岔。如果能使两组道岔转换，则称该道岔为双动道岔。双动即意味着两组道岔可作为一个操纵对象处理，对双动道岔的基本要求是：定位时都必须转换到定位；反位时又都必须转换到反位。一般来说，渡线两端的道岔，应使之双动。

5. 道岔的三种状态

道岔有两个位置，经常放置的位置叫定位，定位一定要开向正向，我们习惯称正向为道岔直股；根据需要临时改变的位置叫反位，反位一般开向侧向，我们习惯称侧向为道岔弯股。道岔的定位和反位为正常工作状态，四开状态（两根尖轨同时不密贴于基本轨）则是不正常的非工作状态。例如，道岔正在转换途中，道岔不密贴（指与基本轨应该密贴的那根尖轨不密贴），或道岔被挤等。

道岔由定位到反位或由反位到定位叫做道岔转换，道岔转换是通过道岔转换器来进行的。道岔转换必须由三个过程组成，即：解锁—转换—锁闭。先解锁，后转换，再锁闭，是所有道岔转换设备必须遵循的设计原则。当道岔转换超过正常转换时间（一般以不超过 13s 计），则说明道岔出了故障，应给出报警，以便及时维修。

6. 道岔号

道岔各有其代号，比如 9 号道岔、12 号道岔、18 号道岔等。这个代号可不是随便排列的，它实际上代表了辙叉角（α）的余切值，也就是辙叉心部分直角三角形两条直角边 FE 和 AE 的比值，即 $N=\cot\alpha=FE/AE$，N 就是道岔号。显而易见，辙叉角 α 越小，N 值就越大，导曲线半径也越大，列车侧线通过道岔时就越平稳，允许过岔速度也就越高。所以采用大号道岔对于列车运行是有利的。不过，事物总有它的两面性，道岔号数越大，道岔越长，造价自然就高，占地也要多得多。因此，采用什么号数的道岔要因地制宜，因线而异，不可一概而论。

7. 单开道岔分类

单开道岔按钢轨类型分类，有 60、50、43kg/m 钢轨单开道岔。按道岔号码分类，有 6、7、9、12、18、24、30、38 号等，其中 6、7 号单开道岔仅用于厂矿企业内部铁路或驼峰下，其他各号则适用于铁路正线和站线，并以 9 号及 12 号最为常用，在侧线通过高速列车的地段，则需铺设 18、24 号等大号码道岔。道岔号码 N 按其所用辙叉角 α 的余切计，即 $\cot\alpha$。按道岔平面形式分类，主要有直线尖轨直线辙叉单开道岔、曲线尖轨直线辙叉单开道岔、曲线尖轨曲线辙叉单开道岔等。按转辙器结构形式分类，有普通钢轨断面和特种钢轨断面的单开道岔、间隔铁式和可弯式单开道岔。按辙叉结构形式分类，有固定型和可动心轨型单开道岔。按叉枕类型分类，有木岔枕道岔和混凝土岔枕道岔。

岔枕在过去主要为木枕，后来推广使用了 50kg/m 和 60kg/m 钢轨 12 号单开道岔混凝土岔枕，为了不让转换设备占用枕木空间，适应大型养路机械设备的需要，提速道岔中曾设计并采用了钢岔枕。铺设在单开道岔转辙器及连接部分的岔枕，与道岔的直股方向垂直；辙叉部分的岔枕，与辙叉角的角平分线垂直，从辙叉趾前第二根岔枕开始，逐渐由垂直角平分线方向转到垂直于直股的方向。为改善列车直向过岔时的运行条件，提速道岔中所有的岔枕均按垂直于直股方向布置，间距均为 600mm。

1）木岔枕

断面略大于普通木枕，长 0 度分为 12 级，其中最短的为 2.60m，最长的为 4.80m，级差为 0.20m，采用螺纹道钉与垫板联结。

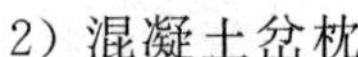

2）混凝土岔枕

最长者为4.90m，级差为0.10m。混凝土岔枕与Ⅲ型混凝土枕具有相当的有效支承面积，采用无挡肩形式，岔枕中预埋有塑料套管，依靠扣件摩擦及旋入套管中的螺钉承受横向荷载，按ϕ7mm配筋。

3）钢岔枕

电务转换设备安装在钢岔枕内腔中，可保证与相邻岔枕间形成足够的捣固空间。钢岔枕与垫板、外锁闭设备间有绝缘部件，底部焊有绝缘部件，底部焊有不规则条块，以增大与道床间的摩擦系数。

4）道岔轨距

需要考虑加宽的部位有：基本轨前接头处轨距、尖轨尖端轨距、尖轨跟端直股及侧股轨距、导曲线中部轨距、导曲线终点轨距。道岔各部分的轨距加宽，采用适当的递减距离，以保证行车的平稳性。中国新设计的道岔（如提速道岔）中，除尖轨尖端宽2mm处因刨切引起的轨距构造加宽外，其余部分轨距均为标准轨距1435mm。

5）几何尺寸

转辙器尺寸主要包括曲线尖轨长、直向尖轨长、基本轨前端长、基本轨后端长、尖轨曲线半径、尖轨尖端角、尖轨转辙角和尖轨辙跟支距。辙叉尺寸主要包括趾距、跟距及辙叉全长。此外还有道岔前长、道岔后长、道岔理论全长、道岔实际全长、导曲线后插直线长或导曲线半径等。

1.6 转辙机

1. 转辙机简介

转辙机是控制道岔尖轨动作的信号设备，它的基本任务是转换道岔、锁闭道岔和反映道岔的位置和状态。除转辙机本身外，还包括锁闭装置和各类杆件及安装装置，它们共同完成道岔尖轨的转换和锁闭。

轨道交通大部分采用电动转辙机，近年来采用电液转辙机和交流转辙机的线路也不少，另外，正线上，12号道岔采用双转辙机牵引，9号道岔仍采用单机牵引。转辙机的传动机构，是将电动机的高速旋转变换成动作杆的低速直线运动，再由动作杆带动道岔尖轨运动。传动机构的另一作用是带动尖轨的锁闭。

转辙机是转辙装置的核心和主体，除转辙机本身外，还包括外锁闭装置和各类杆件、安装装置，它们共同完成道岔的转换和锁闭。

2. 转辙机的作用

转辙机的作用有：其一，转换道岔的位置，根据需要转换至定位或反位；其二，道岔转至所需位置而且密贴后，实现锁闭，防止外力转换道岔；其三，正确地反映道岔的实际位置，道岔的尖轨密贴于基本轨后，给出相应的表示；其四，道岔被挤或因故处于“四开”(两侧尖轨均不密贴)位置时，及时给出报警及表示。

3. 对转辙机的基本要求

对转辙机的基本要求有：

(1) 作为转换装置，应具有足够大的拉力，以带动尖轨作直线往返运动；当尖轨受阻不能运动到底时，应随时通过操纵使尖轨回复原位。

(2) 作为锁闭装置，当尖轨和基本轨不密贴时，不应进行锁闭；一旦锁闭，应保证不致因车通过道岔时的震动而错误解锁。

(3) 作为监督装置，应能正确地反映道岔的状态。

(4) 道岔被挤后，在未修复前不应再使道岔转换。

4. 转辙机的分类

1) 按传动方式分类

依据此分类标准，转辙机可分为电动转辙机、电动液压转辙机。电动转辙机由电动机提供动力，采用机械传动。多数转辙机都是电动转辙机，包括 ZD6 系列转辙机和 S700K 型电动转辙机。电动液压转辙机简称电液转辙机，由电动机提供动力，采用液力传动。

2) 按供电电源种类分类

依据此分类标准，转辙机可分为直流转辙机和交流转辙机。直流转辙机采用直流电动机，工作电源是直流电。ZD6 系列电动转辙机就是直流转辙机，由直流 220V 供电。直流电动机的缺点是，由于存在换向器和电刷，易损坏，故障率较高。交流转辙机采用三相交流电源或单相交流电源，由三相异步电动机或单相异步电动机(现大多采用三相异步电动机)作为动力。S700K 型电动转辙机和 ZYJ7 型电液转辙机为交流转辙机。交流转辙机采用感应式交流电动机，不存在换向器和电刷，因此故障率低，而且单芯电缆控制距离远。

3) 按锁闭道岔的方式分类

依据此分类标准，转辙机可分为内锁闭转辙机和外锁闭转辙机。内锁闭转辙机依靠转辙机内部的锁闭装置锁闭道岔尖轨，是间接锁闭的方式。ZD6 系列等大多数转辙机均采用内锁闭方式。内锁闭方式，锁闭可靠程度较差，列车对转辙机的冲击大。外锁闭转辙机虽然内部也有锁闭装置，但主要依靠转辙机外的外锁闭装置锁闭道岔，将密贴尖轨直接锁于基本轨，斥离尖轨锁于固定位置，是直接锁闭的方式。

4) 按是否可挤分类

依据此分类标准，转辙机分为可挤型转辙机和不可挤型转辙机。可挤型转辙机内设挤岔保护(挤切或挤脱)装置，道岔被挤时，动作杆解锁，保护了整机。不可挤型转辙机内不设挤岔保护装置，道岔被挤时，挤坏动作杆与整机连接结构，应整机更换。电动转辙机和电液转辙机都有可挤型和不可挤型之分。此外，各种转辙机还有不同转换力和动程的区别。

第2章

行车相关设备

2.1 信　号

信号有广义和狭义两种含义。广义的信号是指运输系统中，保证行车安全、提高区间和车站通过能力以及编解能力的手动控制、自动控制及远程控制技术的总称，它包括车站信号、区间信号、机车信号、道口信号等。狭义的信号是在行车、调车工作中，对行车有关人员指示运行条件而规定的物理特征符号。本章讲述的信号指的是后者，而且是后者中的固定信号。

为指示车辆运行及调车作业的命令，必须根据需要设置各种信号机和信号表示器，它们是各种信号系统中不可缺少的组成部分，用来形成信号显示，指示运行条件。目前国内信号普遍采用色灯信号机，包括广泛使用的透镜式色灯信号机和新型的组合式色灯信号机及LED信号机，其他类型的信号机已逐渐淘汰。

2.1.1 信号的含义

信号包括听觉信号和视觉信号。听觉信号又称音响信号，是用音响表示的信号，如用号角、口笛、机车鸣笛、响墩等发出的信号，它以音响的强度、频率和时间长短来表达信号含义。视觉信号是用颜色、形状、位置、显示数目及灯光状况表达的信号，如用信号旗、信号灯、信号牌、信号机、信号表示器、信号标志显示的信号。

视觉信号按信号机具是否移动分为手信号、移动信号和固定信号。手持信号旗或信号灯发出的信号，叫手信号。在地面上临时设置的可以移动的信号牌，叫做移动信号，如为防护线路施工地点临时设置的方形红牌、圆形黄牌等。为防护一定目标，常设于固定地点的信号，叫固定信号。如设于地面的信号机和信号表示器等都是固定信号。在机车司机室内设置指示列车运行前方条件的信号，叫机车信号，它对于机车是固定的，也属于固定信号。

电务部门负责维护的信号只是固定信号，包括地面固定信号和机车信号，其他各种信号机具由使用部门负责使用和维护。平时所说的信号一般专指固定信号。

2.1.2 禁止信号和进行信号

在我国，按照运营要求，采用以下基本信号：其一，要求停车的信号；其二，要求注意或减速运行的信号；其三，准信号或停车信号，要求注意或减速运行的信号以及准许按规定速度运行的信号，都叫做进行信号。

要求停车的信号叫做禁止信号或停车信号，要求注意或减速运行的信号以及准许按规定速度运行的信号，都叫做进行信号。我国视觉信号的基本颜色是红色、黄色和绿色。其中红色信号的基本意义是停车，黄色信号是注意或减速运行，绿色信号是按规定速度运行。

2.1.3 固定信号分类

1. 按设置部位分类

按设置部位可分为地面信号和机车信号。地面信号是设于车站或区间固定地点的信号机或信号表示器，用来防护站内进路或区间闭塞分区以及道口。机车信号设于机车驾驶室内，用来复示地面信号显示，以及逐步成为主体信号使用。

2. 按信号机构造分类

按信号机构造可分为色灯信号机和臂板信号机。色灯信号机是用灯光的颜色、数目及亮灯状态表示信号含义的信号机。它具有昼夜显示一致、占用空间小等特点，但需可靠的交流电源。色灯信号机按信号机构的构造又分为探照式、透镜式和组合式，以及LED式。

透镜式色灯信号机是以凸透镜组为集光器的色灯信号机。透镜组由无色的外透镜和有色的内透镜组成，显示的颜色取决于内透镜的颜色。它的每个灯位固定一种颜色，多种颜色由多个灯位完成显示，故又称多灯信号机。其主要优点是结构简单、维修容易，因而使用很广泛。但其光系统存在一定的缺点，光通量不能充分利用，在曲线线段上不能连续显示。

组合式色灯信号机是为克服透镜式信号机的缺点而研制的新型信号机构。信号灯泡发出的光由反射镜会聚，经滤色片变成色光，再由非球面镜聚成平行光束，偏散镜折射偏散，能保证信号显示在曲线线段上的连续性。信号机构采用组合形式，一个灯位为一个独立单元，配一种颜色，使用时根据需要进行组合，故称为组合式色灯信号机。它是信号机比较理想的更新换代产品。

LED色灯信号机用发光二极管取代的白炽灯泡和透镜组，采用铝合金机构组合而成，其显示距离远，寿命长，安全可靠，是节能、免维护的新型信号机。

臂板信号机是以臂板的形状、颜色、数目、位置表达信号含义的信号机。我国铁路规定臂板呈水平位置为关闭，与水平位置向下夹45°角为开放，夜间则以臂板信号机上的灯光颜色与数目来显示。臂板信号机须通过机械装置由人工开放，也有通过电动机开放的，后者称为电动臂板信号机。臂板信号机存在较多缺点，难以自动化，不能构成现代化信号系统，正在与所从属的臂板电锁器联锁设备一起逐渐淘汰。

3. 按用途分类

按用途可分为信号机和信号表示器两大类。

信号机是表达固定信号显示所用的机具，用来防护站内进路，防护区间，防护危险地点，具有严格的防护意义。信号机按防护用途的不同又可分为进站、出站、进路、调车、驼峰、遮断、预告、复示等信号机。另有设于铁路平交道口的道口信号机。

信号表示器是对行车人员传达行车或调车意图的，或对信号进行某些补充说明所用的器具，没有防护意义。信号表示器按用途又分为发车表示器、调车表示器、进路表示器、发车线路表示器、道岔表示器、脱轨表示器等。

4. 按地位分类

按地位可分为主体信号机和从属信号机。主体信号机是能独立地显示信号，指示列车或调车车列运行条件的信号机，如进站、出站、进路、通过、驼峰、调车等信号机。从属信号机是本身不能独立存在，只能附属于某种信号机的信号机，如预告信号机从属于进站信号机、所间区间的通过信号机、遮断信号机；复示信号机从属于进站、进路、出站、驼峰、调车等信号机。

5. 按停车信号的显示意义分类

按停车信号的显示意义可分为绝对信号和非绝对信号(亦称容许信号)。绝对信号是指当显示停止运行的信号时，列车、调车车列必须无条件遵守的信号显示。所有站内信号机的禁止信号显示均为绝对信号(但调车信号禁止信号对列车来说不作为停车信号)。非绝对信号是指列车在列车信号机显示红灯、显示不明或灯光熄灭时允许列车限速通过，并准备随时停车的信号。如自动闭塞区间的通过信号机显示停车信号时，列车必须在信号机前停车，司机应使用列车无线调度电话通知运转车长，通知不到时(如货物列车取消守车后无运转车长)，鸣笛一长声，停车等候2min，该信号机仍未显示进行信号时，即以遇到阻碍能随时停车的速度继续运行，最高速度不超过20km/h，运行到次一通过信号机，按其显示的要求运行。

6. 按安装方式分类

按安装方式可分为高柱信号机、矮型信号机、信号托架和信号桥。高柱信号机的信号机安装在信号机柱上，一般用于距离要求较远的信号机。高柱信号机具有显示距离远、观察位置明确等优点。因此，为保证安全，提高效率，进站、正线出站、接车进路、通过、预告、驼峰等信号机必须采用高柱信号机。

矮型信号机设于位于建筑限界下部外侧的信号机基础上，一般用于显示距离要求不远的信号机上。因高柱信号机的设置受建筑限界的限制，另外应考虑信号机的设置不影响到发线有效长，站线出站、发车进路信号机和一般情况下的调车信号机等采用矮型信号机。

设于特殊地形和特殊条件下的信号机，其中包括进站信号机，经铁路局批准，亦可采用矮型信号机，如设于桥隧的预告信号机、通过信号机，双线双向自动闭塞区段的反方向进站信号机可采用矮型信号机。

因受限界限制，不能安装信号机柱时，则以信号托架和信号桥代替。信号托架为托臂形结构建筑物，信号桥为桥形结构建筑物。

2.1.4 透镜式色灯信号机

色灯信号机以其灯光的颜色、数目和亮灯状态来表示信号。现多采用透镜式色灯信号机，因其结构简单、安全方便，控制电路所需电缆芯线少，所以得到广泛采用。组合式色灯信号机则是为提高在曲线上的显示距离而研制的新型信号机。

1. 透镜式色灯信号机

透镜式色灯信号机有高柱和矮型两种类型，高柱信号机的机构安装在钢筋混凝土信号机柱上，矮型信号机的机构安装在信号机水泥基础上。

高柱透镜式色灯信号机如图 2-1 所示。它由机柱、机构、托架、梯子等部分组成。机柱用于安装机构和梯子。机构的每个灯位配备有相应的透镜组和单独点亮的灯泡，给出信号显示。托架用来将机构固定在机柱上，每一机构需上、下托架各一个。梯子用于信号维修人员攀登及作业。

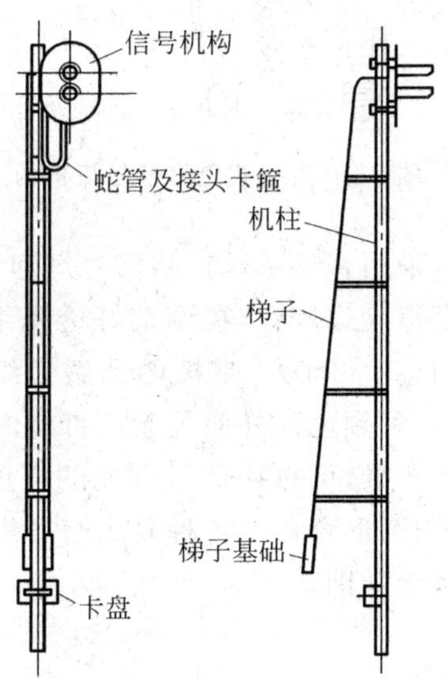

图 2-1　高柱透镜式色灯信号机

矮型透镜式色灯信号机如图 2-2 所示。它用螺栓固定在信号机基础上，没有托架，更不需要梯子。

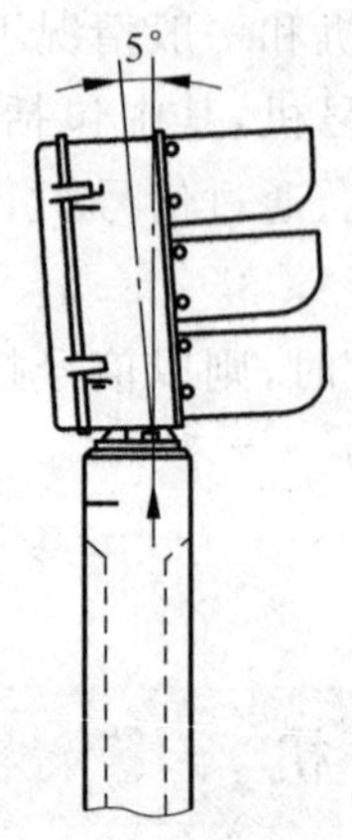

图 2-2　矮型透镜式色灯信号机

高柱和矮型透镜式色灯信号机又各有单机构和双机构之分。单机构只有一个机构，可构成二显示、三显示和单显示信号机。双机构色灯信号机可构成四显示、五显示。各种信号机根据需要还可以分别带引导信号机构、容许信号机构或进路表示器。

2. 透镜式色灯信号机的机构

透镜式色灯信号机的每个灯位由灯泡、灯座、透镜组、遮檐和背板等组成，如图 2-3 所示。

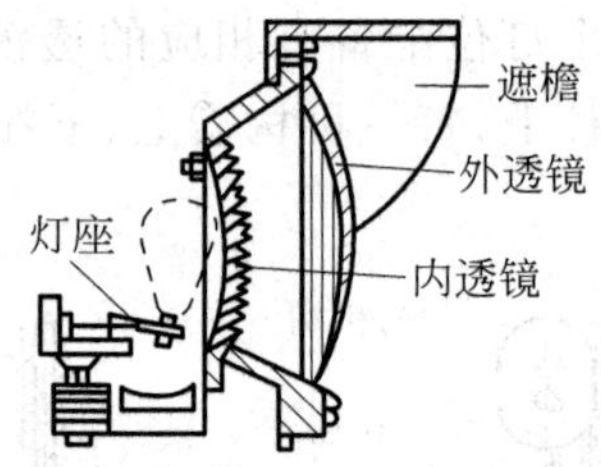

图 2-3　透镜式色灯信号机机构

灯泡是色灯信号机的光源，采用直丝双丝铁路信号灯泡。

灯座用来安放灯泡，采用定焦盘式灯座，在调整好透镜组焦点后固定灯座，更换灯泡时无须再调整。透镜组装在镜架框上，由两块带棱的凸透镜组成，里面是有色带棱外凸透镜(可有红、黄、绿、蓝、月白、无色六种颜色)，外面是无色带棱内凸透镜。

背板是黑色的，构成较暗的背景，可衬托信号灯光的亮度，改善瞭望条件。只有高柱信号机才有背板。一般信号机采用圆形背板。各种复示信号机、遮断信号机及其预告信号机、容许信号机则采用方形背板，以示区别。

3. 透镜式色灯信号机构分类

透镜式色灯信号机构分为高柱、矮型两大类。高柱、矮型信号机构按结构又分为二显示、三显示两种。二显示机构有两个灯室。三显示机构有三个灯室。每个灯室内有一组透镜、一副灯座、一个灯泡和遮檐。灯座间用隔板分开，以防止相互串光，保证信号显示的正确。背板是一个机构共用的。各种信号机可根据信号显示的需要选用机构，再按灯光配列对信号灯位颜色的规定安装各灯位的有色内透镜。另有单显示的复示信号机构、灯列式进站复示信号机构、遮断信号及其预告信号机构以及引导信号机构和容许信号机构。

2.1.5 地面信号机的设置

1. 地面信号机的设置原则

1）设于列车运行方向右侧

城市轨道交通采用右侧行车制，其地面信号机设于列车运行方向的右侧，在地下部分一般安装在隧道壁上。特殊情况（如因设备限界、其他建筑物或线路条件等影响）可设于列车运行方向的左侧或其他位置。

2）信号机柱的选择

高柱信号机具有显示距离远、观察位置明确等优点，因此车辆段的进段、出段信号机（以及停车场的进场、出场信号机）均采用高柱信号机。

而其他信号机由于对显示距离要求不远，以及隧道内安装空间有限，一般采用矮型信号机。

3）信号机限界

信号机不得侵入设备限界。

设备限界是用以限制设备安装的控制线。

直线地段的设备限界是在直线地段车辆限界外扩大一定安全间隙后形成的：车体肩部横向向外扩大 100mm，边梁下端横向向外扩大 30mm，接触轨横向向外扩大 185mm，车体竖向加高 60mm，受电弓竖向加高 50mm，车下悬挂物下降 50mm。

曲线地段设备限界应在直线地段设备限界的基础上，按平面曲线不同半径过超高或欠超高引起的横向和竖向偏移量，以及车辆、轨道参数等因素计算确定。

2. 信号机的设置

城市轨道交通的信号机设置不同于铁路，规定在 ATC 控制区域的线路上道岔区设防护信号机或道岔状态表示器，其他类型的信号机可根据需要设置。

1）正线上的信号机设置

正线上的道岔区设防护信号机或道岔状态表示器（国内尚未采用）。防护信号机设于道岔岔前和岔后的适当地点，具有出站性质以外的防护信号机应设引导信号。具有两个以上运行方向的信号机可设进路表示器。车站一般不设进、出站信号机，在正向出站方向的站台侧列车停车位置前方适当地点设置发车指示器。也可以根据需要设进站、出站信号机以及进站信号机的预告信号机，或者只设出站信号机。

2）车辆段（停车场）的信号机设置

在车辆段（停车场）入口处设进段（进场）信号机，在车辆段（停车场）出口处设出段（出场）信号机。

在同时能存放两列及以上列车的停车线中间进段方向设列车阻挡信号机（可兼作调车信号机）。

车辆段（停车场）内其他地点根据需要设调车信号机。

3. 信号机命名

正线上的防护信号机、阻挡信号机冠以“X”“S”“F”“Z”等，其下缀编号方法：下行方向编为单号，上行方向编为双号，从站外向站内顺序编号。

车辆段的进段信号机冠以“JD”，下缀编号方法：下行方向编为单号，上行方向编为双号，从段外向段内顺序编号。列车阻挡信号机和调车信号机冠以“D”，下缀编号方法：下行咽喉编为单号，上行咽喉编为双号，从段内向段外顺序编号。

2.1.6 信号显示

1. 信号显示颜色的选择

轨道交通信号颜色的选择，应能达到显示明确、辨认容易、便于记忆和具有足够的显示距离等基本要求。经过理论分析和长期实践，铁路信号的基本色为红、黄、绿三种，再辅以蓝色、月白色，构成铁路信号的基本显示系统。

轨道交通信号的光源为白炽灯产生的白色光。白光是一种复合光，由红、橙、黄、绿、青、蓝、紫七种颜色的光混合而成。其中红光波长最多，紫光波长最短，一般来说，波长越长，穿透周围介质（如空气、水汽等）的能力越强，显示距离越远。

同样强度的光，红光最诱目，因为人眼对红色辨认最敏感，红色比其他颜色的光谱都更能引人注意，对人会产生不安全感，所以规定红色灯光为停车信号是最理想的。

黄色（实际上是橙黄色，简称黄色）玻璃透过光线的能力较强，显示距离较远，又具有较高的分辨力，辨认正确率接近100%，故采用黄色灯光作为注意和减速信号。

绿色和红色的反差最大，容易分辨，而绿色灯光显示距离亦较远，能满足信号显示的要求，故采用绿色灯光作为按规定速度运行的信号。

调车信号机的关闭不能影响列车运行，所以它一般不采用红色灯光，而选用蓝色灯光作为禁止调车信号较合适，因其具有较高的诱目性和较大的辨认率。调车信号机的允许信号采用月白色灯光，主要目的是可与一般普通照明电源相区别。蓝色、白色灯光虽显示距离较近，但因为调车速度较低，所以能满足调车作业的需要。

紫色灯光具有较高的区别性，作为道岔状态表示器表示道岔在直向开通的灯光，基本上能满足需要。

2. 机构选用和灯光配列

色灯信号机的机构有单显示、二显示、三显示。单显示机构仅用于阻挡信号机。二显示和三显示可以单独使用,也可以组合(以及与单显示机构组合)构成各种信号显示。

1) 色灯信号机灯光配列和应用的规定

(1) 当根据实际情况需减少灯位时,应采用空位停用方式处理。减少灯位的处理方式可以维持信号机应有的外形,以防误认。如防护信号机若无直向运行方向时,仍采用三显示机构,将绿灯封闭;存车线中间进段方向的列车阻挡信号机采用三显示机构,将绿灯封闭。

(2) 以两个基本灯光组成一种显示时,应有一定的间隔距离,以保证显示清晰,如防护信号机的红灯和黄灯同时点亮表示引导信号,其间隔开一个绿灯灯位。

(3) 双机构加引导信号是一种专门的信号机形式,需要时,进段(场)信号机可采用此形式。

2) 各种信号机的灯光配列

(1) 防护信号机。防护信号机采用三显示机构,自上而下灯位为黄(或月白)、绿、红。若设正线出站信号机,其灯光配列同防护信号机。

(2) 阻挡信号机。阻挡信号机采用单显示机构,为一个红灯。

(3) 进段(场)信号机。进段信号机灯光配列可同防护信号机,亦可采用双机构(两个二显示)带引导机构,自上而下灯位为黄、绿、红、黄、月白。

(4) 出段(场)信号机。出段(场)信号机采用三显示机构,红、绿,带调车白灯。

(5) 调车信号机。调车信号机采用二显示机构,自上而下灯位为白、蓝(或红)。

(6) 通过信号机。若采用自动闭塞,其通过信号机为三显示机构,自上而下灯位为黄、绿、红。

3. 信号显示制度

1) 信号显示基本要求

(1) 信号机定位。将信号机经常保持的显示状态作为信号机的定位。信号机定位的确定,一般是考虑保证行车安全,提高运输效率及信号显示自动化等因素。

除采用自动闭塞时通过信号机显示绿灯为定位外,其他信号机一律以显示禁止信号(红灯或蓝灯)为定位。

(2) 信号机关闭时机。除调车信号机外,其他信号机,当列车第一轮对越过该信号机后及时地自动关闭。调车信号机在调车车列全部越过后自动关闭。

(3) 视作停车信号。信号机的灯光熄灭,显示不明或显示不正确时,均视为停车信号。

(4) 区分运行方向。有两个以上运行方向而信号显示不能区分运行方向时,应在信号机上装进路表示器,由进路表示器指示开通的运行方向。

2) 信号显示距离

各种地面信号机及表示器的显示距离应符合下列规定:

(1) 行车信号和道岔防护信号应不小于400m;

(2) 调车信号和道岔状态表示器应不小于200m;

(3) 引导和道岔状态表示器以外的各种表示器应不小于100m。

2.1.7 各种信号灯的意义

1. 信号灯的颜色

绿色：信号机开放，且开放主信号。

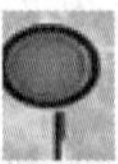

红色：信号机关闭，且未开放过(针对本次进路)。

蓝色：信号机关闭，但曾经开放过(针对本次进路)。

注：信号机体灰色表示无数据。

2. 进站信号机

设置在车站进口外适当距离处，用来防护车站内作业安全，指示列车能否由区间进入车站的信号。

一个红色灯光：不准列车越过信号机(不准进站)。

一个绿色灯光：允许列车按照规定的速度越过进站信号机。

3. 出站信号机

设置在车站出口，用来防护区间列车安全，指示列车能否由车站进入区间。

一个红色灯光：不准列车越过该出站信号机。

一个绿色灯光：允许列车越过该出站信号机，出发进入区间。

4. 调车信号机

设置在联锁车站调车作业的进路始端，用来防护调车进路的安全可靠，指示列车能否进入进行调车作业。

一个白色灯光：允许越过该调车信号机。

一个蓝色灯光(或红色灯光)：不允许越过该调车信号机。

5. 防护信号机

设置在道岔处或进路始端处，对通过道岔的列车显示信号，防护道岔开通的线路或进路的安全。

一个绿色灯光：道岔开通，准许按规定速度越过信号机进入区间。

一个白色灯光：开通折返线，准许按照规定速度越过信号机，运行到折返点。

一个红色灯光：不准越过该信号机，该道岔开通进路无空闲。

6. 出站信号机的复示信号机

当出站信号机因地形地物等原因观察不清时，需在出站信号机的内方设置复示信号机，复示出站信号机的显示信号。

7. 阻挡信号机

一般设置在尽头线的终端，表示列车停车位置。

一个红色灯光：列车或车辆不能越过该信号机。

8. 引导信号机

主体信号机因故障等原因不能正确显示信号时通过人工办理。

一个白色灯光加一个红色闪光：准许列车低速越过该信号机。

9. 列车速度信号

设置在司机室便于司机确认的合适位置。

红色：表示最大允许速度。

黄色：列车即时实际运行速度。

2.2 轨道电路

2.2.1 轨道电路的组成

轨道电路是以一段轨道的两条钢轨为导体的电气回路，这一段轨道称为一个区段，即轨道电路区段(也简称轨道区段)。轨道电路主要由送电端、钢轨和受电端三部分组成，如图2-4所示。

(1) 送电端由电源变压器、限流器、引接线及变压器箱或电缆盒等组成。限流器是为了保护电源设备而设，一般采用电阻器或电抗器。

(2) 钢轨由轨条、轨端接续线和钢轨绝缘等组成。轨端接续线安装在两根轨条的接头处，减小和稳定钢轨电阻(或阻抗)；钢轨绝缘为分隔或划分轨道电路之用。

(3) 受电端由升压变压器、轨道继电器、引接线及变压器箱或电缆盒等组成。升压变压器和轨道继电器之间通过电缆线路连接。

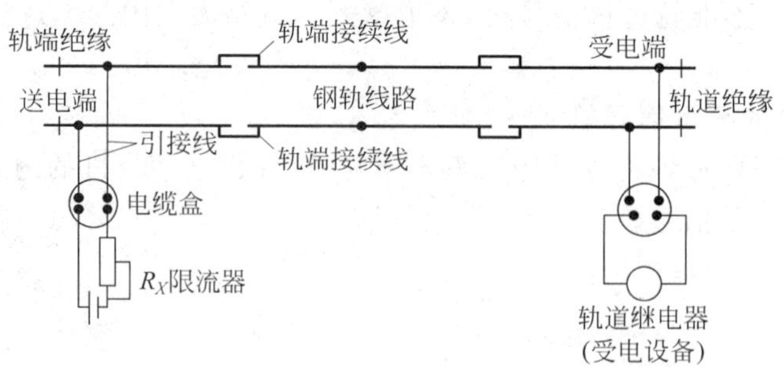

图 2-4　轨道电路的组成

2.2.2 轨道电路的基本工作原理

当轨道区段未被列车或车辆占用，即空闲时，交流 220V 轨道电源由电源变压器降压，经限流器和引接线，送到送电端的钢轨上。由于钢轨上无车，电流沿着钢轨线路流向受电端。受电端钢轨的电流经引接线送至升压变压器，升压变压器的输出电压经电缆线路加到设在信号楼机械室的轨道继电器(GJ)线圈上，使轨道继电器励磁吸起，利用其前接点闭合条件，表示(反映)轨道区段空闲。

当轨道区段有列车或车辆，即占用时，由于列车的车轮轮对横跨在钢轨上，轮对的电阻比轨道继电器(GJ)线圈的电阻小得多，送电端送出的轨道电流绝大部分被轮对分路，致使轨道继电器因得不到足够的电流而失磁落下。利用其后接点闭合的条件，接通轨道区段红灯表示电路(红光带)，表示这个轨道区段已被车占用。

轨道电路的制式很多，有开路式和闭路式之分、直流型和交流型(包括脉冲型)之分等，但工作原理基本上是一致的。

2.2.3 轨道电路的基本工作状态

轨道电路的基本工作状态是调整状态和分路状态。

轨道继电器正常工作时的状态叫做轨道电路的调整状态。调整状态的最不利条件是：电源电压最低、钢轨阻抗最大、道砟漏泄电阻最小。在《信号维护规则》中规定："当轨道电路在规定范围内发送电压值最低、钢轨阻抗值最大、道砟电阻值最小、轨道电路为极限长度和空闲的条件下，受电端的接收设备应可靠工作。"

当轨道电路区段内有车时，轨道继电器应被分路而释放，这种状态叫做轨道电路的分路状态。分路状态的最不利条件是：电源电压最高，钢轨阻抗最小，道砟漏泄电阻最大，列车分路电阻也最大(车轻、轮对少、车轮与钢轨接触面脏)。在《信号维护规则》中规定，"当轨道电路在规定范围内发送电压值最高、钢轨阻抗值最小、道砟电阻值最大的条件下，用标准分路电阻线在轨道电路的任意处可靠分路(不含死区段)，受电端的接收设备应可靠地停止工作。"

2.2.4 轨道电路的作用

轨道电路的第一个作用是监督车辆的占用。利用轨道电路监督车辆在区间或车辆和调车车辆在站内的占用情况，是最常用的方法。由轨道电路对线路空闲情况的反映，为开放信号、建立进路或构成闭塞提供依据，还利用轨道电路的被占用状态关闭信号，将信号显示与轨道电路是否被占用结合起来。

轨道电路的第二个作用是传递行车信息。如数字编码式音频轨道电路中传送的行车信息，为 ATC 系统直接提供控制车辆运行所需要的前行车辆位置、前方信号机状态和线路条件等有关信息，以决定车辆运行的目标速度，控制车辆在当前运行速度下是否需要减速或停车。对于 ATC 系统来说，带有编码信息的轨道电路是其他车地之间信息传输的通道之一。

2.2.5 轨道电路的分类

1. 按所传送的电流特性分类

按此种方式，轨道电路可分为工频连续式轨道电路和音频轨道电路，音频轨道电路又分为模拟式和数字编码式。

工频连续式轨道电路中传输连续的交流电流。这种轨道电路的唯一功能是监督轨道的占用与否，不能传送更多信息。

模拟式音频轨道电路采用调幅或调频方式，用低频调制载频，除监督轨道的占用外，可以传输较多信息，主要传输列车运行前方三个或四个闭塞分区占用与否的信息。

数字编码式音频轨道电路采用数字调频方式，但它采用的不是单一低频调制频率，而是一个若干比特的调制频率群，根据编码去调制载频，编码包含速度码、线路坡度码、纠错码等，所以可以传输更多的信息。

2. 按分割方式分类

按此种方式，轨道电路可分为有绝缘轨道电路和无绝缘轨道电路。

有绝缘轨道电路用钢轨绝缘将本轨道电路与相邻的轨道电路互相电气隔离。

钢轨绝缘在车辆运行的冲击力、剪切力作用下很容易破损，使轨道电路的故障率较高。绝缘节的安装给无缝线路带来一定的麻烦，有时需要锯轨，因而降低了线路的轨道强度，增加了线路维护的复杂性。电气化铁路的牵引回流不希望有绝缘节，为使牵引回流能绕过绝缘节，必须安装扼流电压器或回流线。因此无缝线路和电气化铁路希望采用无绝缘轨道电路，而城市轨道交通中有绝缘轨道电路多用于车辆段内的轨道电路。

无绝缘轨道电路在其分界处不设置钢轨绝缘，而采用电气隔离的方法予以隔离。电气隔离又称谐振式，利用谐振槽路，采用不同的信号频率，谐振回路对不同频率呈现不同阻抗，来实现相邻轨道电路间的电气隔离。

无绝缘轨道电路与有绝缘轨道电路相比较，具有较明显的优点。由于去掉了故障率较高的轨端机械绝缘，因而大大地提高了轨道电路的可靠性。在长轨区段安装无绝缘轨道电路，在电气化区段降低了轨道电路的不平衡系数，避免了锯轨带来的破坏，改善了钢轨线路的运行质量。

轨道交通正线上采用无绝缘轨道电路，取消了机械绝缘节和钢轨接头，大大减少了车辆轮对与钢轨接缝之间的碰撞，避免了列车过接缝时乘客的不舒适感，也降低了轮对和钢轨之间的磨损。

3. 按使用处所分类

按此种方式，轨道电路分为区间轨道电路和车辆段内轨道电路。

区间轨道电路主要用于正线，不仅要监督各闭塞分区是否空闲，而且要传输有关行车信息。一般来说，要求轨道电路传输距离较长，要满足闭塞分区长度的要求，轨道电路的构成也比较复杂。

车辆段内轨道电路分布于段内各区段，一般只具有监督本区段是否空闲的功能，不需要发送其他信息。

4. 按轨道电路内有无道岔分类

按此种方式，车辆段内轨道电路分为无岔区段轨道电路和道岔区段轨道电路。

无岔区段轨道电路内钢轨线路无分支，构成较简单，一般用于检车线、停车线等以及尽头调车信号机前方接近区段、两差置调车信号机之间的区段。

在道岔区段，钢轨线路有分支，道岔区段的轨道电路就称为分支轨道电路或分歧轨道电路。在道岔区段，道岔处钢轨和杆件要增加绝缘，还要增加道岔连接线和跳线。当分支超过一定长度时，还必须设多个受电端。

对于轨道交通，轨道电路不仅用来检测列车是否占用，更重要的是传输 ATP 信息。所以除车辆段内采用 50Hz 相敏轨道电路外，其他通常采用音频轨道电路。为便于牵引电流流通，提高线路性能，方便维修，音频轨道电路通常采用无绝缘的，数码调制方式(有数字振幅调制、数字频率调制和数字相位调制三种，但多采用频率调制方式)。近年来多采用可靠性较高、信息量较大的数字编码式音频轨道电路。

2.3 应答器

应答器也称信标，它也是信号系统的基础设备，随着 ATC 系统的普及，应答器在城市轨道交通得到广泛的应用。不同的应答器应用于不同的信号制式，而且称呼也不相同；而且有“有源应答器”和“无源应答器”之分，也称之为“有源信标”和“无源信标”。

在点式ATP子系统中，利用设置在每个车站出站信号机处的应答器，向列车传送ATP信息；在基于模拟轨道电路的ATC系统中，利用设于区间和车站的应答器（也称为标志器），实现列车在车站的程序对位停车控制；在基于“距离定位”制式的ATC系统用无源应答器进行列车定位校核，有源应答器用于车地信息交换。CBTC系统中无源应答器主要用于列车定位校准，而有源应答器主要用于信号后备系统中向列车传送点式信息。应答器由地面、车载两部分设备构成，如图2-5所示。

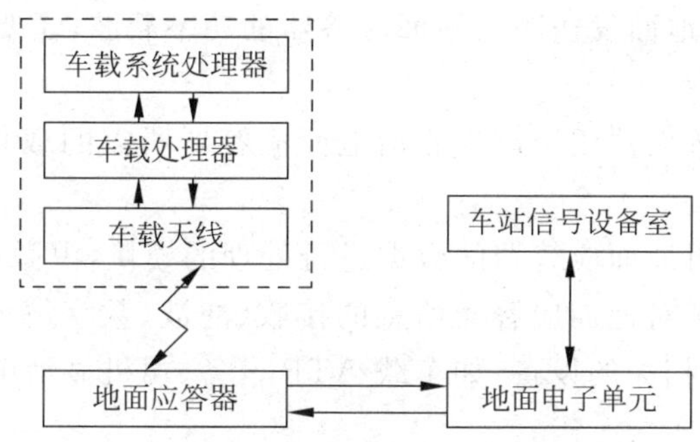

图2-5　地面应答器和车载应答器的动作示意图

1. 地面应答器设备

信号系统为每一个地面应答器分配一个固定的坐标。地面应答器的主要功能是：接收车载应答器天线传递的载频能量和向车载天线发送数据信息。地面应答器是一种可以发送数据报文的高速数据传输设备。地面应答器应能提供上行数据链路，实现地对车的数据传输。地面应答器应具有足够的、可用的固定信息容量，当与地面电子单元连接时，能提供实时可变的数据信息。

1）地面电子单元（LEU）

地面电子单元是一种数据采集与处理单元，当有数据变化时（例如信号显示改变等），将改变后的数据形成报文传送给应答器进行发送。

2）地面应答器

地面应答器有无源应答器和有源应答器两种；无源应答器向列车传送固定的信息；而有源应答器一般都与地面电子单元连接，通过连接的地面电子单元，可实时更新地面有源应答器中存储的数据。地面无源应答器通过接受车载应答器天线传递的载频能量，获得电能量，使地面应答器中的信号发生器工作，然后将事先存储于地面应答器中的数据发送到车载天线。

有的城市轨道交通在车站的出站信号机处设置了出站有源应答器，它根据车站联锁确定的列车发车进路状况，向列车传送包括列车运行方向及进路状态等信息。

2. 车载应答器设备

每个地面应答器对应于线路的某一个固定的坐标，所以列车收到地面应答器信息可以对列车行走里程进行精确的定位及校正。列车收到前一个地面应答器的信息后，可判断该应答器的特性、位置。这些信息特性包括：地面应答器所处的位置、位置参数的精度、列车的运行方向等；如果接收到的地面应答器的信息与预期的不同，车载应答器解码设备应有相应的表示或相应的输出，以便车载ATP设备做出相应的反应，并采取相应的安全措施。

车载接收器的主要功能有：发送地面应答器需要的能量；接收来自地面应答器的信息；分析接收到的数据流，找出完整的报文，形成处理好的无错码报文，确定定位参考点，从车上向地面发送包括检查码在内的各种信息。

车载应答器设备包括车载天线、解码器、载频发生器与功率放大器等。车载天线是一个双工的收发天线，既要向地面发送激活地面应答器的功率载波，还要接受地面应答器发送的数据报文。

载频发生器与功率放大器用于产生激活地面应答器所需的载频能量，并通过车载天线传递给地面应答器。

车载解码器是用于对地面应答器的数据进行处理的模块，由微处理器、滤波器和其他相关单元组成。解码器用于对地面应答器信息的接收、滤波、数字解调与处理，经处理的数据通过相应的接口，传送至相关的设备，如车载ATP设备、司机显示单元或无线设备。

2.4 联锁设备

联锁设备是城市轨道交通的重要设备，主要应用于正线车站和车辆段。在车站和车辆段实现联锁关系，建立进路，控制道岔的转换和信号机的开放，以及进路解锁，可以保证行车安全，提高作业效率。联锁设备早期采用继电集中联锁，现在多采用计算机联锁。

2.4.1 联锁的定义

1. 联锁的定义

广义的联锁泛指多种与行车相关的信号设备之间相互联系制约的关系，是保证轨道交通行车安全的重要技术措施。狭义的联锁即专指车站信号设备之间相互联系制约的关系。为了让列车快速、安全、高效地运行，必须严格遵守联锁关系。

车站内有多条线路通过道岔彼此联结。列车和调车车列在站内运行所经过的路径称为进路。各道岔开通的不同方向构成不同的进路，每条进路均由相应的信号机来防护，根据信号机的开放状态，列车或调车车列通过进路。如进路上的道岔位置不正确，或已经有车占用，或敌对进路已建立，有关的信号机就不能开放；信号开放后，防护该进路上的道岔不能转换，即此时该进路不能变动。信号、道岔、进路之间的这种相互制约的关系称为联锁关系，简称联锁。

2. 联锁的基本内容与基本条件

联锁的基本内容包括：防止建立会导致机车车辆相冲突的进路；必须使列车或调车车列经过的所有道岔均锁闭在与进路开通方向相符合的位置；必须使信号机的显示与所建立的进路相符。

进路上各区段空闲时才能开放信号，这是联锁最基本的技术条件之一，必须要遵守。如果进路上有车占用，却开放信号，则会引起列车、调车车列与原停留车冲突。

进路上有关道岔在规定位置才能开放信号，这是联锁最基本的技术条件之二。如果进路上有关道岔开通位置不对却开放信号，则会引起列车、调车车列进入异线或挤坏道岔。信号开放后，其防护的进路上的有关道岔必须被锁闭在规定位置，而不能转换。

敌对信号为关闭时，防护该进路的信号机不能开放，这是联锁最基本的技术条件之三。否则列车或调车车列可能造成正面冲突。信号开放后，其敌对的信号也必须被锁闭在关闭状态不能开放。

2.4.2 联锁设备的分类及基本要求

1. 联锁设备的分类

控制车站的道岔、进路和信号，并实现它们之间的联锁关系的设备称为联锁设备。联锁设备可以采用机械、机电或电气的方法来实现，可进行分散控制，也可以集中控制。联锁设备主要有继电集中联锁和计算机联锁两大类设备。

1）继电集中联锁

用电气的方法集中控制和监督全站的道岔、进路和信号机，并实现它们之间联锁关系的设备称为继电式电气集中联锁，简称继电集中联锁。继电集中联锁采用色灯信号机，道岔由转辙机转换，进路上所有区段均设有轨道电路，在信号楼进行集中控制和监督。

继电集中联锁把全部道岔、进路和信号集中起来控制和监督，在一定程度上实现了站内行车指挥的自动控制，能及时准确地反映现场行车状况，不再需要分散控制时所需的联系时间，而且完全避免了因联系错误而引起的事故，大大提高了行车安全程度和作业效率，极大地改善了行车人员的劳动条件。所以继电集中联锁具有操作简便、办理迅速、表示完善、安全可靠等一系列优点。

2）计算机联锁

近年来，随着计算机技术的迅速发展，尤其是对于可靠性技术和容错技术的深入研究，计算机联锁正在逐渐取代继电集中联锁。从各国对计算机联锁的研究和使用情况看，计算机在逻辑功能和信息处理方面具有很强的功能，非常适合用于车站联锁。

与继电集中联锁相比，计算机联锁的主要特点如下：

(1) 利用计算机对车站值班员的操作命令和现场监控设备表示信息逆行逻辑运算后，完成对信号机、道岔及进路的联锁和控制。

(2) 计算机发出的控制信息和现场发回的表示信息均能由传输通道串行传送，可节省大量的干线电缆，同时也为使用光缆提供一定的可能性。

(3) 用 CRT 屏幕显示代替现行的控制盘，大大缩小了体积，简化了结构，方便了使用，还可根据需要多台并机使用。

(4) 采用积木式的模块化软件和硬件结构，便于站场变更，并容易实现故障控制、分析等功能。

在计算机联锁里，不存在方向电路、方向电源的电路层级结构，对于长调车进路一次解锁、中途返回解锁等都能合理地实现。

2. 联锁设备的功能

联锁设备能够响应来自 ATS 的命令，在满足安全的前提下，控制进路、道岔和信号机，并将进路、轨道电路、道岔和信号机的状态信息提供给 ATS 和 ATP/ATO。

联锁设备的功能如下：

(1) 联锁逻辑运算：接收 AW 或车站值班员的进路命令，进行联锁逻辑运算，实现对道岔和信号机的控制。

(2) 轨道电路信息处理：处理列车检测功能的输出信息，以提高列车检测信息的完整性。

(3) 进路控制：设定、锁闭和解锁进路。

(4) 道岔控制：解锁、转换和锁闭道岔。

(5) 信号机控制：确定信号机的显示。

3. 联锁设备的基本要求

联锁设备应符合下列规定。

(1) 确保进路、道岔、信号机的联锁，联锁条件不符时，禁止进路开通。敌对进路必须相互照查，不得同时开通。

(2) 装设引导信号的信号机因故不能开放时，应通过引导信号实现列车的引导作业。

(3) 应能办理列车和调车进路，根据需要设置相应的防护进路。

(4) 联锁设备宜采用进路操纵方式。根据需要，联锁设备可实现车站有关进路、端站折返进路的自动排列。

(5) 进路解锁宜采用分段解锁方式。锁闭的进路应能随列车正常运行自动解锁、人工办理取消进路和限时解锁，并应防止错误解锁。限时解锁时间应确保行车安全。

(6) 联锁道岔能单独操纵和进路选动。影响行车效率的联动道岔宜采用同时启动方式。

(7) 车站站台及车站控制室应设站台紧急关闭按钮。站台紧急关闭按钮电路应符合故障-安全原则。

(8) 车站联锁主要控制项目包括：列车进路、引导进路、进路的解锁和取消、信号机关闭和开放、道岔操纵及锁闭、区间临时限速、扣车和取消、遥控和站控、站台紧急关闭和取消。

2.4.3　轨道交通的联锁设备

轨道交通的联锁设备与传统铁路电气集中系统有所不同。例如，列车运行的三级控制、多列车进路、追踪进路、折返进路、联锁监控区、保护区段和侧面防护等。

1. 列车运行控制

列车进路由进路防护信号机防护，但列车在进路中的运行安全由 ATP 负责，这为城市轨道交通高密度行车提供了安全保证。列车运行进路控制采用三级控制，即控制中心控制(ATS 自动控制)、远程控制终端控制和车站工作站控制。

控制中心集中控制全线的列车运行(不包括车辆段内列车的运行控制)。系统根据列车运行时刻及列车运行状况发出列车运行控制命令，并进行自动调整。在车站设置必要的自动控制功能，控制中心故障时，转入车站级控制。

1) 中心级控制

中心级控制为全自动的列车监控模式，在该模式下，列车进路设置命令由自动进路设定系统发出，其信息来源于时刻表和列车运行自动调整系统。控制中心调度员也可以人工干预，对列车进行调整，操作非安全相关命令，排列和取消进路。

列车自动选路是 ATS 系统的一部分，其任务是与联锁设备协同为列车运行自动地排列运行进路。为达到此目的，进路自动排列具有这样的功能：其自动操作单元具有自动操纵功能，而联锁系统根据来源于控制中心的自动进路设定系统排列进路指令，负责实际的安全排列进路。当许可校核得出否定结果时，联锁系统将向 ATS 系统回送一个相应的信息，然后由 ATS 系统重复传输相同的控制命令，直至达到规定的次数和时间。

2) 远程控制终端的控制

在控制中心设备故障或控制中心与下级设备的通信线路故障时，控制中心将无法对远程控制终端进行控制，此时系统自动地转入列车自动控制的降级模式。在降级模式下，由司机在车上输入目的地码，通过列车上的车次号发送系统发出带有列车去向的车次号信息，远程控制终端自动产生进路控制命令，联锁系统根据来自远程控制终端的进路号排列进路。在这种情况下，系统不具备列车运行自动调整功能，但对于高密度的列车运行，用此功能可以节省车站操作人员大量的精力。

3) 车站级控制

在车站级控制模式下，列车运行的进路控制在车站值班员工作站执行，但此时只要控制中心设备及通信线路功能完好，自动进路设置仍可进行。车站级控制时，列车进路的设定完全取决于值班员的意图，值班员选择通过联锁区的预期进路。联锁控制逻辑检查进路没有被占用，并且没有建立敌对进路，然后自动排列通过联锁区的进路，锁闭进路，在所有条件满足列车的安全运行后开放地面信号机，并允许 ATP 将速度命令传送给列车。信号机的开放表示通过联锁区的进路开通。

2. 多列车进路

进路分为单列车进路和多列车进路，这主要是因为城市轨道交通运行间隔小，车流密度大，列车的运行安全由 ATP 系统保护，所以在一条进路中可能出现多列列车在运行。

对于多列车进路，当列车 1 离开进路始端信号机后的监控区后，可以排列车 2 相同始终端的进路。列车 2 进路排出，列车 1 通过后进路中的轨道区段直到列车 2 通过后解锁。

多列车进路排出后，如果是进路中有列车运行，则人工取消进路时，只能取消最后一次排列的进路至前行列车所在位置的进路，其余进路由前行列车通过以后解锁。

人工取消多列车进路的前提是：进路的第一个轨道电路必须空闲。

3. 追踪进路

追踪进路为联锁系统本身的一种自动排列进路功能。列车接近信号机，占用触发区段（触发区段是指列车占用该区段时引起进路排列的区段，可能是信号机前方第 1 个接近区段，也可能是第 2 个接近区段，触发区段根据线路布置和通过能力而定）时，列车运行所要通过的进路自动排出。追踪进路排出的前提除了满足进路排出的条件外，进路防护信号机还必须具备进路追踪功能。

当一信号机被预定具有进路追踪功能时，则对一规定进路的进路命令便通过接近表示自动产生。调用命令被储存，一直到信号机开放为止。接近表示将由确定的轨道电路的占用而触发。

当对一信号机接通自动追踪进路时，也可以执行人工操作。若接收到接近表示之前已人工排列了一条进路，则自动调用的进路被拒绝，重复排列进路也不能被储存。

假如排列的进路被人工解锁，则该信号机的自动追踪进路功能便被切断。

4. 折返进路

列车折返进路作为一般进路纳入进路表。通常，通过列车自动选路、追踪进路或人工排列的折返进路从指定的折返线开始。

5. 联锁监控区段

在装备准移动闭塞的城市轨道交通中，开放信号机前联锁设备不需检查全部区段，只需要检查部分区段，这些被检查的区段叫做联锁监控区段。

联锁监控区段即排列进路时信号机开放所必须空闲的区段，一般为信号机内方两个区段，如监控区段内有道岔，则在最后一个道岔区段后加一区段作为监控区段。监控区段的长度应满足驾驶模式转换的需要。

进路设有监控区段时，只有监控区段空闲，进路防护信号机便可正常开放。

列车通过监控区段后自动将运行模式转为 ATO 自动驾驶模式或 SM 模式（ATP 监督人工驾驶模式），列车之间的追踪保护就由 ATP 来实现了。

6. 保护区段

为了保证列车的运行安全，避免列车由于某种原因不能在信号机前停住而导致事故的发生，充分考虑了列车的制动距离及线路等因素，在停车点后设置了保护区段，即终端信号机后方的一至两个区段为保护区段。

进路可以带保护区段或不带保护区段排出。如进路短，排列进路时带保护区段；多列车进路无保护区段时，进路防护信号机可以正常开放。

根据设计，保护区段可以在主体信号控制层内受到监督，也可能不在主体信号控制层内受到监督。此外，也有可能在进路排列时直接征用保护区段，或进路先排列，保护区段设置延时直至进路内的接近区段被占用。延时的保护区段设置是一种标准方式，为多列车进路内的每个列车提供保护区段条件。

当排列的运行进路无法成功地进行保护区段设置或延时保护区段设置没有成功时，保护区段可稍后设置，但前提是到达线和指定保护区段的轨道区段空闲，并且设置保护区段的条件得以满足。

在设定的时间截止后，保护区段便解锁。延时解锁从保护区段接近区域被占用时开始。在列车反向运行情况下，保护区段的延时解锁仍将继续。

7. 侧面防护

城市轨道交通侧面防护是指为了避免其他列车从侧面进入进路，与列车发生侧面冲突。根据防护对象的不同，侧面防护可以分成两种：主进路的侧面防护和保护区段的侧面防护。

列车进路需要侧面防护是为了保证其安全的运行径路，侧面防护由防护道岔确保，或者通过显示红色信号来确保。道岔为一级侧面防护，信号机为二级侧面防护。排列进路时先找一级侧面防护，再找二级侧面防护。

侧面防护的任务是通过操作、锁定和检测邻近分歧道岔，使通向已排运行进路的所有路径均不能建立。侧面防护也可通过具有停车显示功能和位于有侧面防护要求的运行进路方向的主体信号机来获得。在进路表中已为每一条运行进路设计了侧面的防护区域。

如果采用了一个道岔的侧面防护，而道岔的实际位置和所要求的位置不一致时，则应发出一个转换道岔位置的命令。当该命令不能执行时，该操作命令将被存储直至要求的终端位置达到为止。否则通过取消或解锁该运行进路来取消操作命令。

排列进路时，除检查始端信号机外，还检查终端信号机和侧防信号机的红灯灯丝，只有这两种信号机的红灯功能完好，进路防护信号机才能开放。

当侧面防护的运行进路要求解锁时，运行进路侧面防护区域也将解锁。

第3章

运行控制技术

3.1 行车调度

1. 行车调度组织机构

行车调度管理体系由OCC运营控制中心和各级车站控制中心行车调度组成，如图3-1所示。

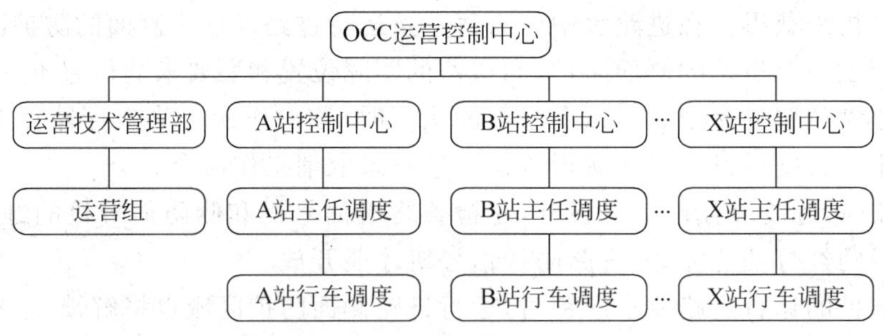

图3-1 行车调度体系结构

2. 运营控制中心的职责

(1) OCC运营控制中心按照《运营时刻表》监控列车运行，监督、维持正线列车运行秩序，确保列车运行安全、正点。

(2) 传达上级有关运营工作的指令，及时发布调度命令，布置、检查、落实行车工作计划，确保行车工作顺利进行。

(3) 执行《施工/行车通告》，组织调试车、工程车的开行，合理安排施工作业，监督施工作业和人员的安全。

(4) 合理处置运营中的紧急事件，记录处理经过，分析影响程度，通报故障及延误情况，及时调整列车服务，尽快恢复正常运营。

(5) 监控各种行车设备运作，做好故障记录与通报。

在实现ATC、微机联锁等系统逻辑功能仿真的基础上，模拟出作业环境，使其实现以上作业内容的操作培训。

3. 运营技术管理部运营组的职责

(1) 负责总调度所的各项运营技术规章、作业流程及作业标准的制定与完善；定期组织运营调度系统的演练及评估。

(2) 运营质量管理与控制体系。汇总统计各线、各类生产质量数据，运用科学手段，总结、评估运营生产状况，提出改进措施，并组织实施。检查、考核、指导并协助各控制中心做好运营安全、质量工作。

(3) 负责运营事件应急处置的技术支持工作，协助控制中心做好现场工作联络协调。负责运营事件的分析会，从质量体系、安全工作要求的角度提出整改要求，并追踪评估落实情况。

(4) 负责总调度所专业技术攻关、科研工作的组织、筹划和实施工作。

(5) 负责行车调度员技术岗位的培训策划、组织、实施、考核、评估，适应内部人力资源需求。

(6) 负责新线、新设备运营开通的技术准备工作。参与调试、投用及评估，并制定设备使用制度，收集技术资料，形成技术文件，作为调度作业依据，负责对设备使用故障/缺陷的跟踪及其备用措施的制定。

4. 调度设备

城市轨道交通自动列车监控系统(ATS)完成对全线列车运行的管理和监控，主要由控制中心CATS和车站LATS系统等设备组成。CATS是一个实时控制系统。通常它由一组计算机和其他硬件设备组成，硬件设备包括工作站、表示屏、绘图仪及打印机等。具体功能如下：

(1) CATS工作站：行车调度员通过工作站提供的现场设备状态和列车运行状况进行操作，实现对全线各站进路及信号控制、列车车次号控制、列车运行调整、列车运行图的处理及打印，工作站还具有模拟运行和重放功能，提供人员培训和运营记录检查。

(2) 表示屏：能显示现场进路和信号系统状态、列车位置和其他各种状态信息，与工作站显示一致。

(3) 运行图绘图仪：用于绘制列车的计划和实际运行图。

(4) 打印机：用于打印每日运行的各种报告和现场及中央操作信息的事件记录。

5. 通信设备

(1) 行车调度电话：供行车调度员选呼、组呼各车站值班员、运转值班员、各分公司调度员，用以发布调度命令及有关行车事宜等。

(2) 行车无线控制台/对讲机：供行车调度员与列车上设有车载无线设备的司机进行数据(指令和信息)传输及通话联络，与手持对讲机的行车值班员及其他有关人员进行通话，遇紧急情况时对列车上的乘客进行广播。

(3) 公务电话：供行车调度员与地铁内部各单位联系业务。

(4) 广播：通过行车调度员对广播控制盘的操作实现对全线各车站进行有选择的广播。

(5) 公安专线：供调度员在发生较严重的影响运营的事件或治安事件时与轨道交通分局进行联系。

(6) 调度专用对讲机：供调度员在其他通信设备故障状态下，与各专业分公司调度应急联络。

(7) 监控中心(COCC)调度热线：供调度员与各站监控中心调度之间联络。

3.2 行车组织

1. 运营前的行车组织工作

运营前确认线路上所有施工检修作业已经完成、注销，线路空闲，无侵限，触网供电，设备运行正常，并做以下准备工作。

(1) 根据运输计划，与运转值班员核对运行图，并听取当日运输车使用情况汇报。

(2) 检查无线对讲系统，确认无干扰，通话质量良好。

(3) 确认信号设备运行状态。

(4) 以系统时间为标准，与车站值班员、运转值班员校对时间。

(5) 检查 CCTV、广播、电话等行车调度设备正常。

另外，运营前准备列车出入场(库)，具体如下：

1) 列车出场

计划列车出场：为 ATS 系统所确认的计划列车，行车调度员应使列车在转换轨处进入系统，并确认 ATS 系统到点开放信号，使计划列车按图定时间发车。

非计划列车出场：行车调度员应在转换轨处人工设置车次号，并人工排列出库进路，令司机确认信号后按收到的速度码发车。

2) 列车入场

计划列车入场：列车为 ATS 系统所确认的计划列车，可由 ATS 系统自动控制列车，行车调度员应令运转预先办理入场进路，并确认计划列车目的地号，监督列车回库。

非计划列车入场：行车调度员应令运转预先办理入场进路，并人工排列回库进路，令司机确认信号后按收到的速度码回库。

2. 运营中的行车组织

(1) 以 CATS 工作站为基础，监督列车运行情况，及时处理各类突发性事件。

(2) 加强设备运行监控,设备发生异常情况,当值调度必须与现场确认设备状况,了解现场情况,有效处置,合理组织列车运行,并完成设备故障汇总表填写。

(3) 在进行列车运行调整时,必须坚持贯彻“安全、有序、立体”的调度原则,在确保安全的基础上积极组织,并在最短时间内恢复列车按图行车。

(4) 在进行调整时,按列车的性质、用途进行调整,在正常条件下,其等级为:专运列车、客运列车、调试列车、回库空车、其他列车。

(5) 由于车辆、设备故障、事故及客流原因,造成列车拥堵时,为调整列车运行,并可采取始发站可以提前或改晚开行、调整运行等级、调整停站时间、运休、加开、备用列车替开及变更交路、载客通过等办法恢复列车按图行车,遇有大客流等情况,行车调度员应尽量组织备车、空车投入运行,及时疏散乘客。

(6) 当正线运用车少于运行图所需列车数时,应及时调整列车间隔,使列车间隔保持均衡。

(7) 遇有各类突发事件,应在当班主任调度指挥下,按照本班组内部分工,参照总调度所突发事件应急处理预案的各项规定,各司其职,尽快恢复运营正常。

(8) 调度员接到事件信息后,立即判明事件起因和影响范围,采取有效措施,在2分钟内以电话通知监控中心(COCC)、设备单位和客运分公司,当故障原因没有明确前,该设备所有相关单位和部门都必须同步通知,要求相关人员到现场确认抢修。并及时采取有效措施,进行运行方式的合理调整。

3. 运营结束后的行车组织收尾工作

(1) 按运行图要求,保证各类列车运营终止后回库或停放至指定位置。

(2) 当日计划、实际运行图绘制完毕,如因绘图仪故障无法绘图,仍应发出绘图命令,并通知ATS组打印当日各折返站的到发报告。

(3) 根据各项报告,整理统计当日运行情况,汇总到日报表。

3.3 闭塞方法

3.3.1 闭塞及闭塞分区

中国城市轨道交通通常采用站间区间或闭塞分区作为列车运行的空间间隔。通过相邻车站、闭塞分区的设备或人为控制,使列车与列车互相保持一定间隔,以保证列车安全运行的行车方法,称为行车闭塞法。区间与站内的划分,是行车组织工作的一项重要内容,是划定责任范围的依据。列车进入不同地段必须取得相应的凭证或准许。

1. 站间闭塞

在单线上,以进站信号机柱的中心线为车站与区间的分界线。单线铁路站间区间如图 3-2 所示。

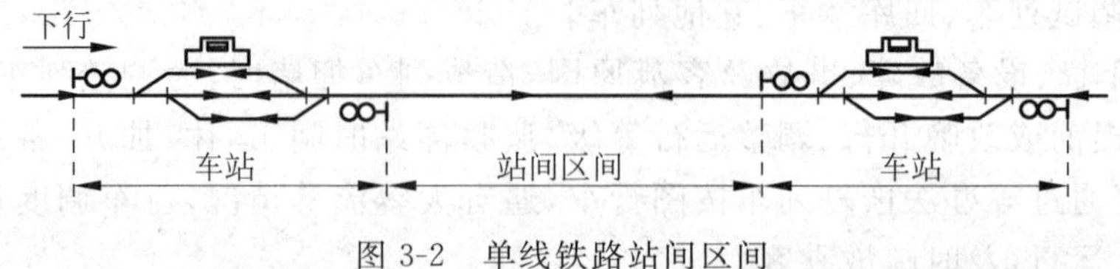

图 3-2 单线铁路站间区间

在双线或多线区间的各线上,分别以各该线的进站信号机柱或站界标的中心线为车站与区间的分界线。双线铁路站间区间如图 3-3 所示。

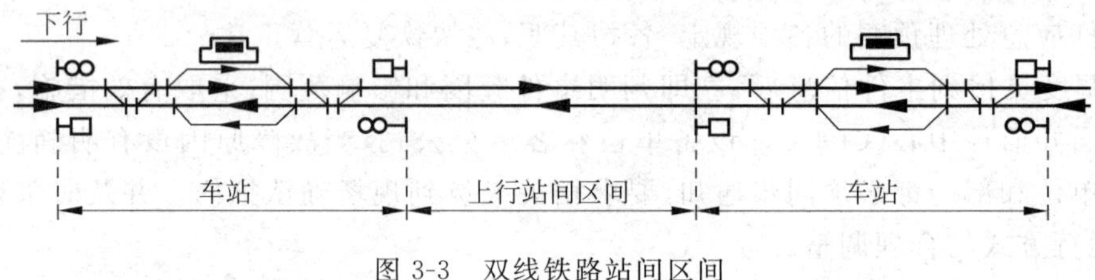

图 3-3 双线铁路站间区间

2. 闭塞分区

自动闭塞区间同方向相邻的两架色灯信号机间,以该线上的通过信号机柱的中心线为闭塞分区的分界线。双线铁路自动闭塞分区如图 3-4 所示。

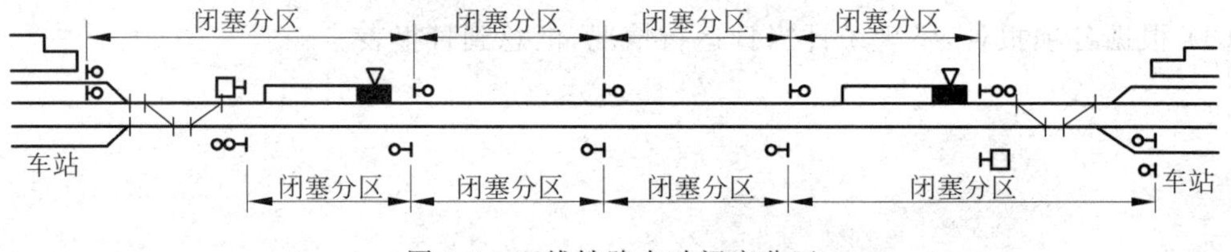

图 3-4 双线铁路自动闭塞分区

3.3.2 行车闭塞法分类

我国铁路的行车闭塞法,分为基本闭塞法和代用闭塞法。

1. 基本闭塞法

铁路各车站均须装设基本闭塞设备。基本闭塞法包括自动闭塞、自动站间闭塞、半自动闭塞和移动闭塞。

双线区段正方向应采用自动闭塞。较繁忙的双线区段,为减少人工操作,便于列车运行调整，确保反向列车运行安全，反方向上应装设自动站间闭塞设备。运量小且增长速度较慢或受其他条件限制的双线段，可采用自动站间闭塞或双线半自动闭塞。单线区段宜采用半自动闭塞，运输繁忙时经过经济技术比较，也可采用单线自动闭塞。一个区段内原则上应采用同一类型的闭塞方式。

（1）自动闭塞是由运行的列车自动完成闭塞作用的一种行车闭塞方法。在自动闭塞区段，将一个站间区间划分为若干个闭塞分区，由装在每个闭塞分区始端的通过信号机进行防护（第一闭塞分区由出站信号机防护）。由于闭塞分区都设有轨道电路，从而能反映出列车占用或线路发生故障情况。通过色灯信号机在列车占用或出清闭塞分区时，能自动地变换显示，以指示追踪列车的运行条件。

（2）自动站间闭塞是以站间区间或所间区间作为列车运行间隔。为保证站间区间或所间区间只有一列车占用，区间采用轨道检查装置自动检查空闲。自动站间闭塞与集中联锁设备结合使用，发车站办理发车进路后即自动构成站间闭塞。列车到达接车站或返回发车站并出清区间后，自动解除闭塞。

发车站在办理发车进路前，须确认区间空闲、接车站未办理同一区间的发车进路，并向接车站预告。发车站已向接车站预告，但列车不能出发时，在取消发车进路后，须通知接车站。使用自动站间闭塞法行车时，列车凭出站信号显示的进行信号进入区间。

（3）半自动闭塞是以站间区间或所间区间作为列车运行间隔，由人工按规定操作闭塞设备来保证一个区间只有一列列车占用。

（4）移动闭塞是一种新型的闭塞制式。列车安全追踪间隔距离不预先设定，而随着列车的移动不断移动并变化。它不设固定闭塞区段，前、后两列车都采用移动式的定位方式。借助感应环线或无线通信的方式实现。

2. 代用闭塞法——电话闭塞法

当基本闭塞设备发生故障或其他原因不能使用基本闭塞法时（如单线半自动闭塞出站信号机故障等），为维持列车运行，应采用代用闭塞法（电话闭塞法）。

电话闭塞是当基本闭塞设备故障不能使用，或闭塞设备不能满足运行列车的要求（如在未设双向闭塞设备的双线区段反方向运行，半自动闭塞区段发出由区间返回的列车等）时，由两车站（线路所）车站值班员利用站间行车电话，以电话记录的方式办理闭塞的方法，是代用闭塞法。

电话闭塞不论在单线或双线，均按站间区间办理。由于电话闭塞没有机械、电气设备的控制，都靠制度加以约束，出站信号机不能开放，办理闭塞手续时必须严格。在出站信号机不能开放时，需填写行车凭证，接发列车进路在一般情况下也失去了联锁，除人工确认发车进路正确外，还要按规定加锁，给车站的行车工作在安全和效率方面带来巨大影响。为保证同一区间、同一线路在同一时间内不误用两种闭塞法，在停用基本闭塞改用电话闭塞或恢复基本闭塞时，均须根据列车调度员的调度命令办理。在列车调度员电话不通，得不到调度命令的情况下，应由该区间两端站的车站值班员确认区间空闲后，以电话记录办理。

确认区间空闲是改变行车闭塞法的最基本的前提，无论列车调度员，还是区间两端站车站值班员，在办理停用基本闭塞改用电话闭塞或恢复基本闭塞时，都要确认区间空闲，以避免一个区间放入两个列车。

第4章

运 行 图

4.1 运行图的表示方法及分类

4.1.1 列车运行图的图形表示方法

在列车运行图上，对列车运行时空过程的图解可以有两种不同的形式。其一为以横坐标表示时间，纵坐标表示距离，这时，列车运行图上的水平线表示分界线的中心线，水平线间的间距表示分界点的距离；垂直线表示时间。其二为以横坐标表示距离，纵坐标表示时间。这时，列车运行图上的水平线表示时间；垂直线表示分界点的中心线，垂直线间的间距表示分界点间的距离。

为了适应使用上的不同需要，列车运行图按时间划分方法的不同，可有如下四种格式：一分格运行图、二分格运行图、十分格运行图、小时格运行图。

在运行图上，以横线表示车站中心线的位置。

(1) 一分格运行图。它的横轴以1min为单位用细竖线加以划分，10min格和小时格用较粗的竖线表示。

(2) 二分格运行图。它的横轴以2min为单位用细竖线加以划分，10min格和小时格用较粗的竖线表示。

(3) 十分格运行图。它的横轴以10min为单位用细竖线加以划分，半小时格用虚线表示，小时格用较粗的竖线表示。十分格图主要供列车调度员在日常调度指挥工作中编制调度调整计划和绘制实绩运行图时使用。

(4) 小时格运行图。它的横轴以1h为单位用竖线加以划分。小时格图主要在编制列车方案时使用。

二分格运行图主要用在调度所、控制中心；十分格运行图主要用在车辆段。

运行图上的列车运行线斜线与车站中心线横线的交点，即为列车到、发或通过车站的时刻。所有表示时刻的数字，都填写在列车运行线与横线相交的钝角内。列车通过的时刻，一般填写在出站一端的钝角内。

车次标在区段的首末两端区间相应列车运行线的上方。上行列车的车次为偶数，下行列车的车次为奇数。

4.1.2 列车运行图的分类

1. 按照区间正线数分

(1) 单线运行图。在单线区段，上下行方向列车都在同一正线上运行，因此，两个方向列车必须在车站上进行交会。

(2) 双线运行图。列车可以在区间或车站进行交会。但列车的越行必须在车站上进行。

(3) 单双线运行图。

2. 按照列车运行速度分

(1) 平行运行图。在同一区间内，同一方向列车的运行速度相同。

(2) 非平行运行图。

3. 按照上下行方向列车数分

(1) 成对运行图。上下行方向列车数相等的列车运行图。

(2) 不成对运行图。上下行方向列车数不相等的列车运行图。

4. 按照同方向列车运行方式分

(1) 连发运行图。同方向列车的运行以区间为间隔。单线区段采用这种运行图时，在连发的一组列车之间不能铺画对向列车。

(2) 追踪运行图。同方向列车的运行以闭塞分区为间隔。

4.2 运行图的要素

列车运行图要素包括：列车区间运行时分；列车在中间站的停站时间；机车在基本段和折返段所在站的停留时间标准；车站间隔时间；追踪列车间隔时间。

1. 列车区间运行时分

列车区间运行时分按车站中心线或线路所通过信号机之间的距离计算。当到发场中心线与车站中心线不一致时，按到发场中心线计算(见图 4-1)。

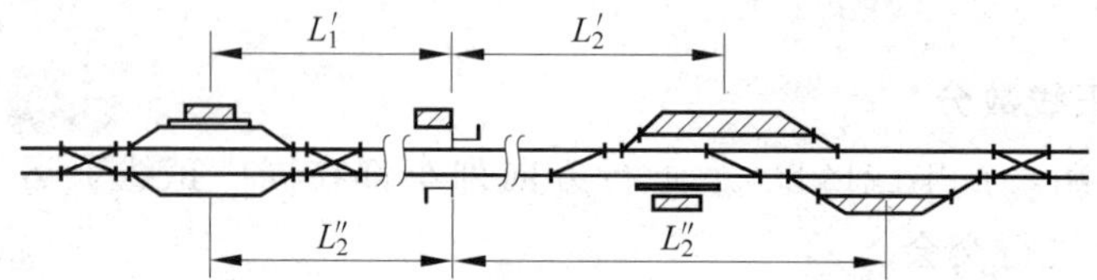

图 4-1 计算车站或线路所间列车运行时分距离图

由于列车运行速度各不相同，上下行方向的线路平面、纵断面条件和列车重量也不相同，所以列车区间运行时分应按各种列车和上下行方向分别查定。此外，列车区间运行时分还应根据列车在每一区间两个车站上不停车通过和停车两种情况分别查定。

2. 列车在中间站的停站时间

列车进行技术作业的时间标准，由每一车站用分析计算和实际查标相结合的方法分别确定。列车在中间站的各项作业，应尽可能平行进行。在满足实际需要的条件下，应最大限度地缩短列车停站时间，以提高列车的旅行速度。

3. 机车在基本段和折返段所在站停留时间标准

为了保证车站与区段工作协调，必须编制与车站技术作业过程相配合的列车运行图。因此，在编制列车运行图时，需具备技术站、客货运站技术作业过程的主要作业时间标准。

4. 车站间隔时间

常用的车站间隔时间包括不同时到达间隔时间、会车间隔时间、同方向列车连发间隔时间、同方向列车不同时发到间隔时间和不同时到发间隔时间等几种，其值大小与车站信号、道岔操纵方法、车站邻接区间的行车闭塞方法，以及车站类型，接近车站线路的平、纵断面情况，机车类型，列车重量和长度等因素有关。在编制新列车运行图之前，每个车站都应根据具体条件，查定各种车站间隔时间。

4.3　运行图的编制

4.3.1　运行图编制符号

1. 列车始发

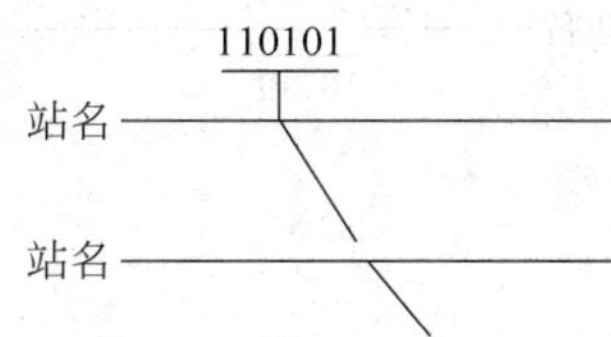

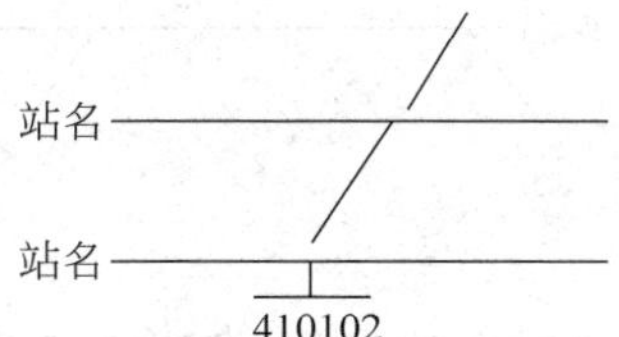

2. 列车终到(退出正线)

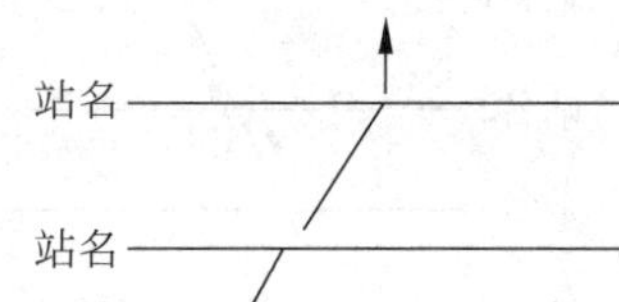

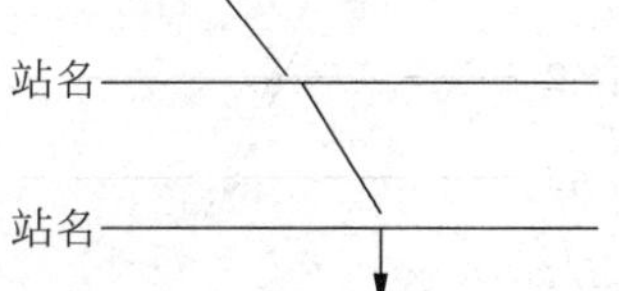

3. 列车临时退出运行

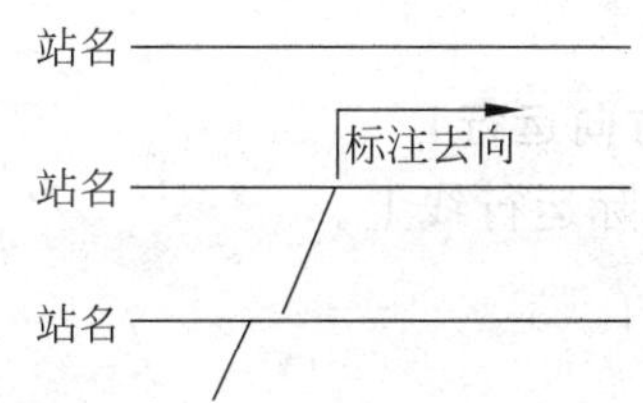

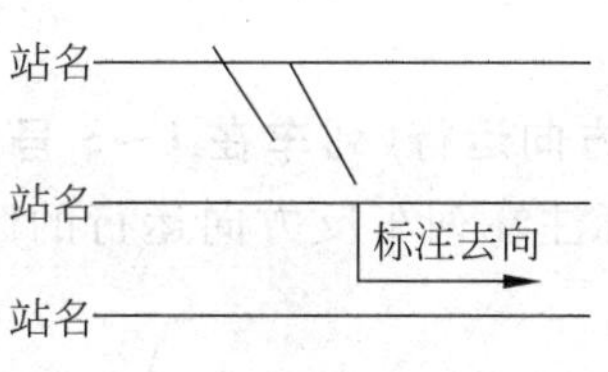

4. 列车停站

(1) 停站时间较长：

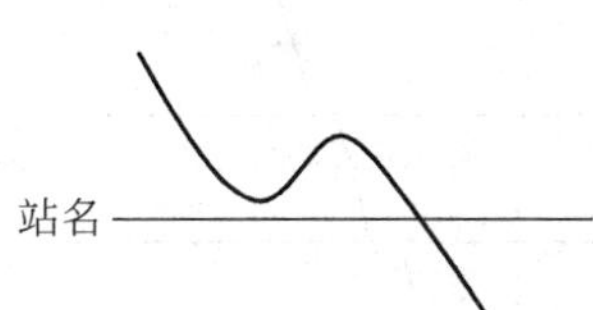

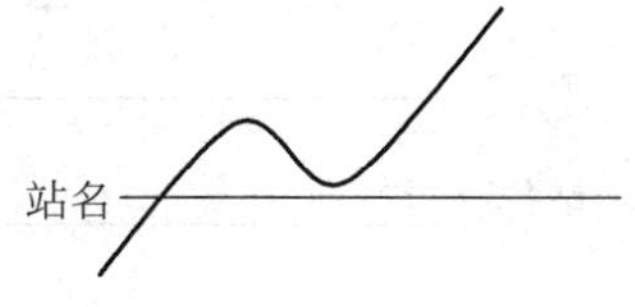

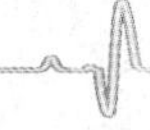

（2）停站时间较短：

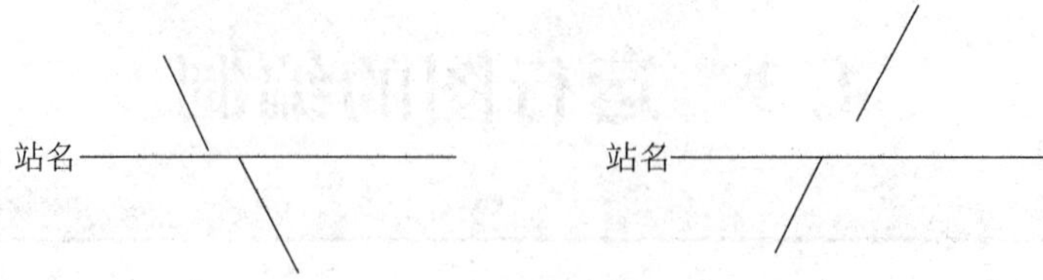

5. 列车折返（含中途折返）

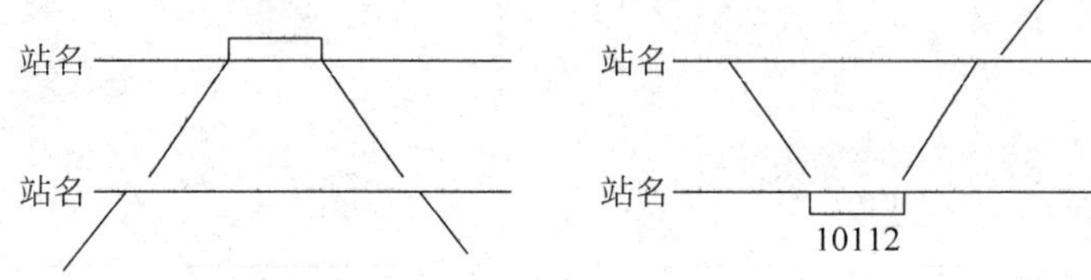

6. 列车载客通过车站（列车通过 2、3 号站）

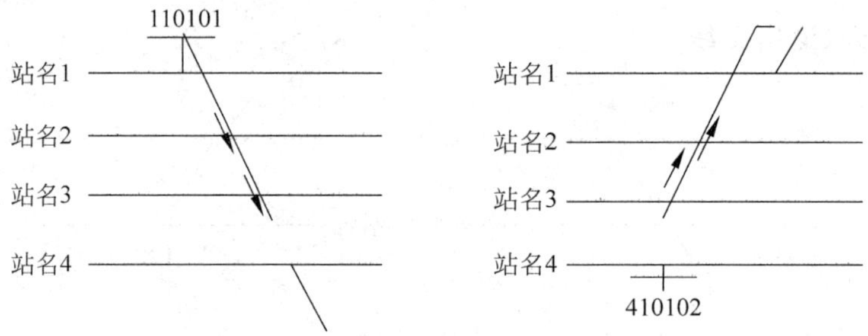

7. 列车反方向运行（列车在 1～5 号站间反方向运行）

以红"＝"标注在列车反方向运行的区间的实际运行线上。

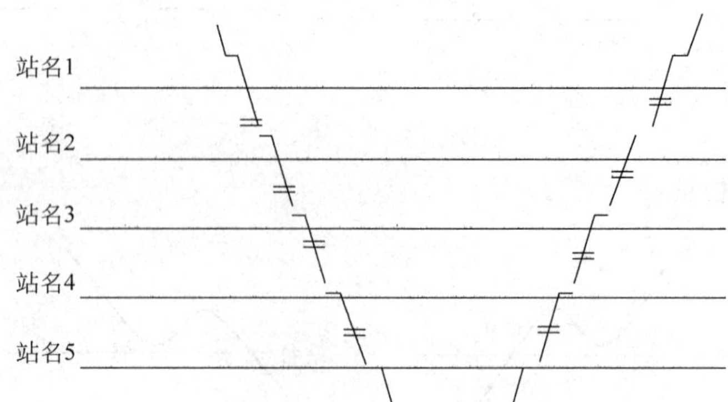

8. 列车运休

用红"×"标画在计划列车运行线上。

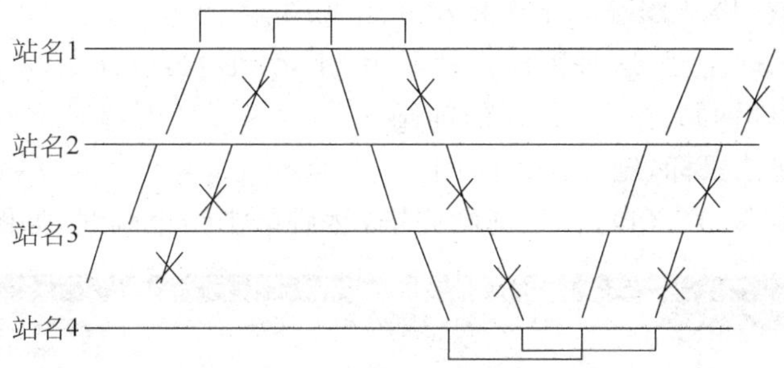

4.3.2 列车运行途中异常情况的标注

在列车运行异常(如晚点、清客、追停、列车冲突等)的区段,将事件的大致情况简单说明,并用蓝圈(黑圈)圈起。

(1) 图中实际运行线用红色,其车次号及文字说明用其他色笔标画。

(2) 列车实际运行时分应尽量记录在实际线与站名线的钝角处。

(3) 列车晚点标画及统计应区分 2min 晚点及 5min 晚点,2min 晚点发车以"F"表示,到达晚点以"D"表示,5min 晚点则在"F""D"的标记旁标画"5'"表示。

(4) 早晚点情况应标注在实际线旁(锐角内)。

(5) 列车运行图中每一个晚点均需说明原因。

(6) 对于同一原因引起的多个晚点,可只写一个原因,但需要指出包含哪些晚点,如当中夹有其他晚点原因,也须另外标明。

(7) 换车须将列车交路标于图中,并在换车表中注明原因。

(8) 每一张运行图右上角标明到达、出发晚点列车总数(2 分钟晚点及 5 分钟晚点均应标明)以及运休、加开情况;晚点按发车晚点和到达晚点分别标明,标明格式为"2 分钟晚点数/5 分钟晚点数";运休和加开的标明格式为"载客/空车"。

4.4 实际运行图的铺画和调度工作

4.4.1 运行图铺画

启动图编系统软件按照如下步骤操作。

(1) 暂停时间。由于默认打开该软件,时钟开始计时,因此在铺画运行图之前,首先选择暂停时间选项。

(2) 单击开始画线按钮。此时弹出定义车次对话框,输入车次后单击“确定”按钮。移动光标到始发站位置,松开按键后车次显示在始发站。

(3) 继续按住鼠标左键,这时鼠标指针显示“十字”形状,按住鼠标左键进行拖拽到指定车站后松开,完成相邻两站之间运行线的铺画。

(4) 继续横向拖拽鼠标,定义停站时间。

(5) 继续重复步骤(3)、(4),直至铺画完毕,然后单击结束画线,如图 4-2 所示。

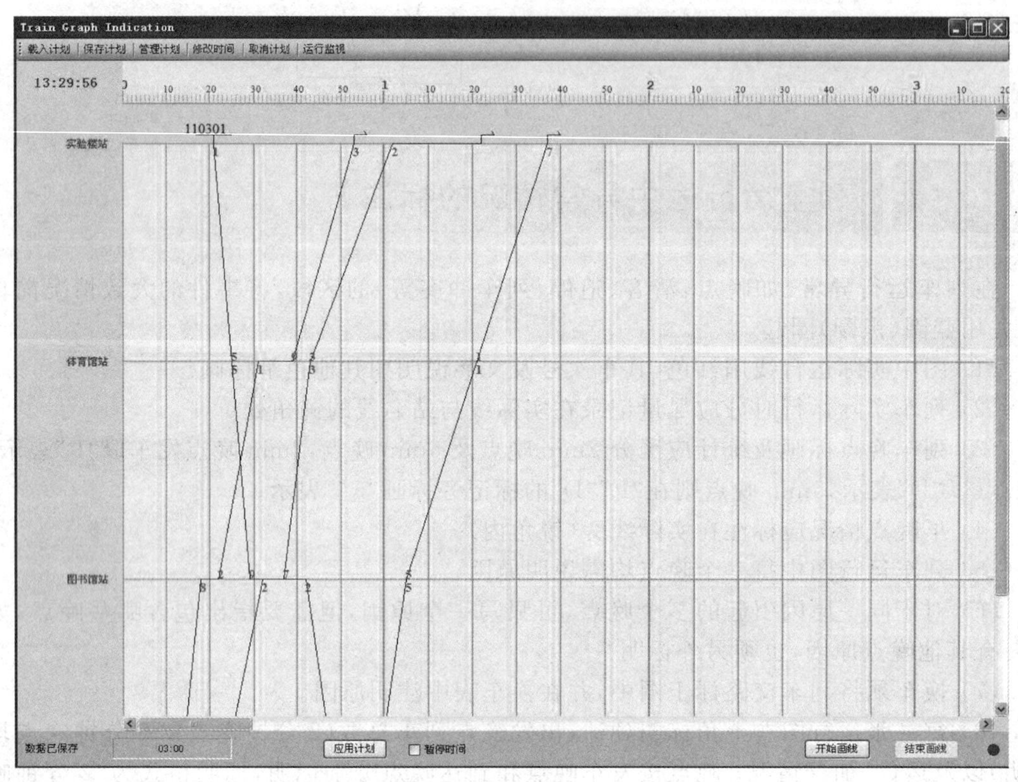

图 4-2 运行图铺画

(6) 如果是折返线路,则继续单击开始画线,重复步骤(3)~(5),直至将整个运行图铺画完毕。

运行图铺画完毕后可以选择将该计划保存或者直接应用该计划行车。

4.4.2 调度统计工作

调度统计工作体现了计划运行图的完成情况,主要统计以下内容。

1. 列车开行数

(1) 计划开行列车数:当日使用运行图的计划总开行列车数(包含空车)。

（2）实际开行列车数：当日实际开行的计划列车数（不含加开列车）。

（3）运休列车数：由于各种原因，取消的计划列车数（包含计划空车）。

（4）实际开行列车数＝计划开行列车数－运休列车数

（5）加开列车数：全天内开行的计划列车以外的列车数，有空车和载客两种。

（6）总开行列车数：当日实际开行的列车总数，包括实际开列车数和加开列车数。

$$\text{兑现率}=\frac{\text{实际开行列车数}}{\text{计划开行列车数}}\times 100\%$$

2. 正点率

（1）晚点列车：列车实际运行时间与图定时间相比，超过一定标准的列车。包括早和晚两种情况。

（2）加开列车按正点统计。

$$\text{正点率}=\frac{\text{总开行列车数}\times 2-\text{总晚点列车数}}{\text{总开行列车数}\times 2}\times 100\%$$

3. 统计说明

（1）列车实际出发、到达时间比图定时间早、晚超过 2min 时均计为 2min 晚点。若列车实际出发时间比图定时间早、晚超过 5min 的，应统计为 5min 晚点。

（2）若列车实际终到时间比图定时间早、晚超过 5min，并且实际终到早、晚点时分与实际发车早、晚点时分之差未超过 5min，该实际终到早、晚点不应统计为 5min 晚点。

（3）中间折返站始发的列车，只要由符合要求的其他列车接替，均按接入后发车的时间统计正晚点。

（4）遇大客流或其他原因有计划的阶段性临时调整运行图，开行列车数按实际情况统计，调整时间内的列车正点率、兑现率按与临时计划比较的方式统计。

（5）始发站或中途站办理通过作业的载客列车，按放站统计。

（6）载客列车因故障中途退出运营的按清客统计，该计划列车统计为运休，清客后运行里程计入空驶里程。

（7）因运营调整需要，载客列车中途退出运营，仍按照原列车统计。

（8）加开列车不统计正晚点。

（9）始发站发车时无车，改由中间站出车接替，也按原列车统计，只变更里程。

（10）图定载客列车始发站出发，空车运行回库，若库内不出车接替，按运休一载客列车，加开一空车统计；若库内出车接替，接替列车按图定列车统计，空车按加开统计。

技　术　篇

第5章

LOW现场操作工作站

5.1 模拟系统概述

轨道交通行车调度仿真系统，是按照轨道交通的“控制中心-集中站-停车场-线路（车辆）”的结构进行构件，模拟轨道交通的 CBTC 系统、车辆段危机联锁、通信、运营等多个专业的功能，可提供系统、多专业、多岗位的运营实训。

整个系统由多个仿真控制软件组成，其中仿真控制软件包括 ATS 模拟系统、控制中心大屏模拟系统、车辆段模拟系统、集中站模拟系统、列车模拟系统等，系统中仿真软件按照轨道交通的“控制中心-集中站-停车场-线路（车辆）”的结构进行配置，通过通信系统实现模拟系统之间的联动，构建了一个缩微的轨道交通系统。

实验沙盘线路采用“U”型设计，如图 5-1 所示。图中右下角为第一个站，右上角为最后

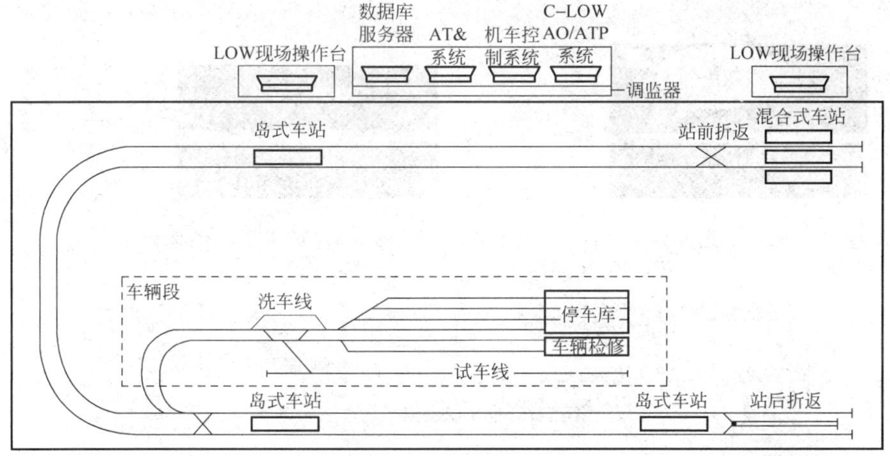

图 5-1 沙盘演练系统线路图

一个站，从第一车站往右行驶到最后一个车站的线路为上行线，反向为下行线。第二个车站与车辆段连接，设有出入段的转换轨。整条线路设 4 个车站，其中第 3 站为中间站，不设道岔。共设 3 个联锁区，其中第一个站为第一联锁区，第二个站为第二联锁区，第三个和第四个站共为第三个联锁区。

沙盘演练系统可提供控制中心行车调度员、集中站行车值班员、停车场调度员及行车调度的实训演练的功能。

5.2 LOW 上安全相关命令的操作

安全相关命令是指该命令执行后可能会影响行车安全或设备安全的命令。此命令执行前必须获得行调同意及根据行规的要求执行。

使用安全相关的操作命令时，必须检查列车进路，确认进路空闲，道岔位置正确后，方可实施。在操作过程中，必须确认进路要素是以正确的方式显示，否则必须立即停止和取消该项操作，并报告行调。行调根据具体情况，不能正常操作时，发布停止使用命令，按 LOW 设备故障处理组织行车。

用鼠标单击所需要控制的元件后，元件会被淡蓝色的框框住，在命令按钮栏（相关的安全命令按钮为深蓝色底色，普通命令的底色为灰色）选择相应的命令，单击后框住所选元件的蓝色框变为橙色，单击执行后在对话框的左下方将开启一个附加对话窗口，需要检查确认所想要的安全操作。

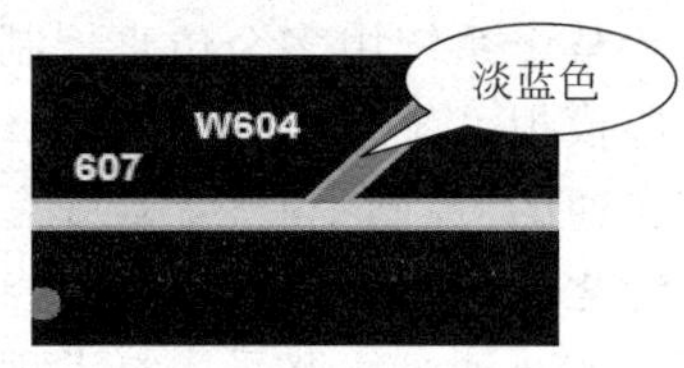

图 5-2 原始状态

例如：对道岔进行强行转岔，操作过程中显示状态如图 5-2～图 5-5 所示。

图 5-3 所选元素

图 5-4 被电子联锁标记示意图

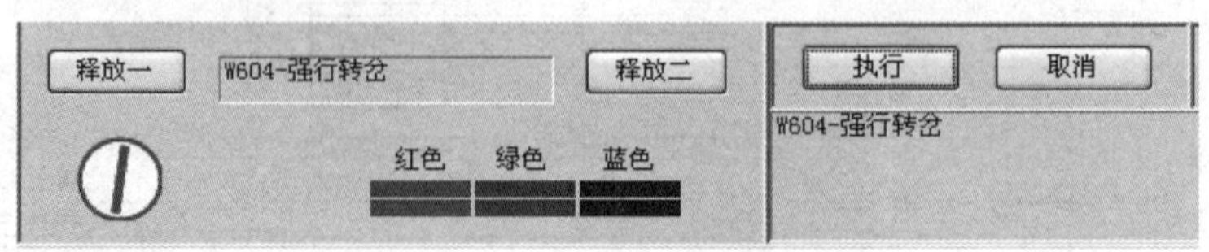

图 5-5 强行转岔

在对话框的左下方会出现新的对话框，要求检查所需的安全操作，此时必须检查以下内容：

(1) 检查在主窗口左下方显示的命令是否与输入的命令一致。

(2) 检查输入的命令是否完全符合想输入的命令。

(3) 检查所选的元素是否已被标记。

(4) 检查包括红、绿、蓝三种颜色的两条颜色是否一致，并且上行静止，下行闪烁。

(5) 检查带红条的圆圈(情况探测器)是否旋转。

在上述条件满足后，必须在15秒内按“释放一”按钮，在10秒内按“释放二”按钮，否则安全相关命令操作会被自动取消，而且在未单击“释放二”按钮之前，可以通过单击“取消”按钮来取消相关安全命令操作。

5.3　LOW联锁操作

在轨道交通线路中，一般均采用上下行双线，列车间隔运行的模式，信号设备和轨道结构比大铁路简单得多。“联锁”是指为保证列车行车安全，而将车站的所有信号机、轨道电路及道岔等相对独立的信号设备构成一种相互制约、联合控制的连环扣关系，即联锁关系。

在LOW显示屏空白处单击或刚登记进入后出现在命令栏内的所有命令，如图5-6所示，均为对联锁的操作的命令。

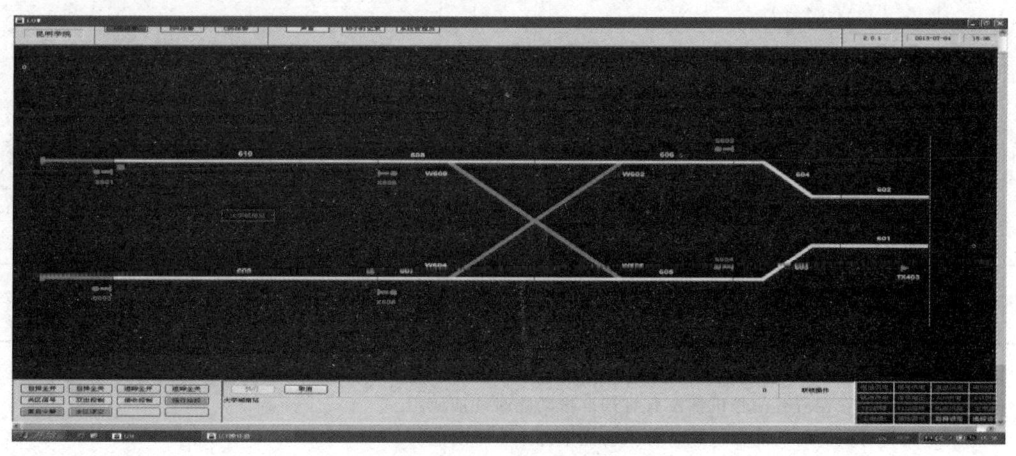

图5-6　LOW联锁操作

联锁相关命令见表5-1。

表5-1 LOW上联锁操作命令

按钮缩写	命令含义	命令类型	现象
自排全开	全部信号机处于自动排列进路状态(根据目的地码排列进路)	R	(1)所有具有自排全开功能的信号机编号变绿; (2)"自排设定"变绿
自排全关	全部信号机处于人工排列进路状态	R	(1)所有具有自排功能的信号机编号变红; (2)"自排设定"变白
追踪全开	全部信号机处于联锁自动排列进路状态	R	(1)所有具有追踪功能的信号机编号变绿; (2)"追踪设定"变黄
追踪全关	全部信号机取消联锁自动排列进路状态	R	(1)所有具有追踪功能的信号机编号变红; (2)"追踪设定"变白
关区信号	关闭联锁区全部信号机,并封锁	R	(1)所有信号机室外点红灯; (2)头不变蓝色
交出控制	向OCC交出控制权(交出控制权。只有在LOW上执行了"交出控制"操作,控制中心(ATS)才可以执行"接收控制",从而取得控制权。并可以对联锁进行一些常规命令的操作。但在LOW故障的情况下,在LOW无法执行"交出控制"操作,系统无法切换到控制中心(ATS)操作),控制权仍然在车站	R	车站标记绿闪
接收控制	从OCC接收控制权(只有在接收控制权以后,在LOW上的操作才有效)	R	车站标记变绿
强行站控	车站强行从OCC取得控制权(C-LOW没有)	S	车站标记变绿
重启令解	SICAS系统重新重启后(并非指LOW计算机重启,而是指SICAS计算机),解除所有命令的锁闭。命令外系统禁止执行其他命令(一般地,建议先使用"重启令解",后使用"全区逻辑"命令)	S	
全区逻辑	将本联锁区全部轨道区段设置为逻辑空闲	S	粉红光带消失

注:(1)自排全开只有在所有信号机都没有打开追踪功能时才能使用。

(2)追踪全开只有在所有信号机都没有打开自排功能时才能使用。

(3)同一架信号机同时只能在追踪与自排功能中打开一个功能。

(4)交出控制权限之后只有现场工作站能进行强行站控操作。

(5)表中"R"代表非安全相关命令,"S"代表安全相关命令。

相关操作及状态显示如图 5-7～图 5-11 所示。

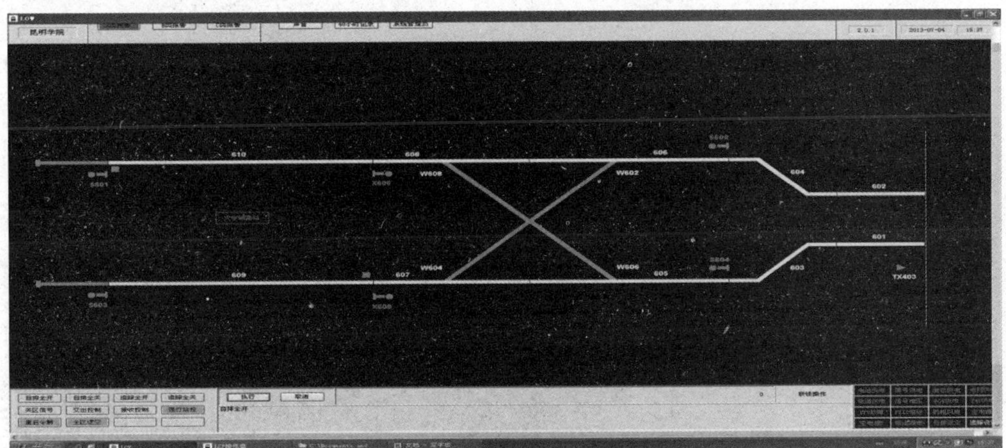

图 5-7　自排全开

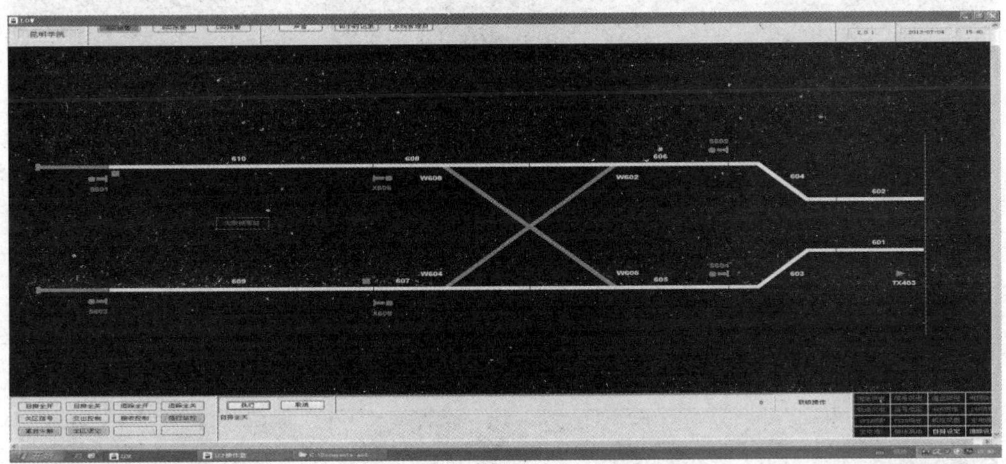

图 5-8　自排全关

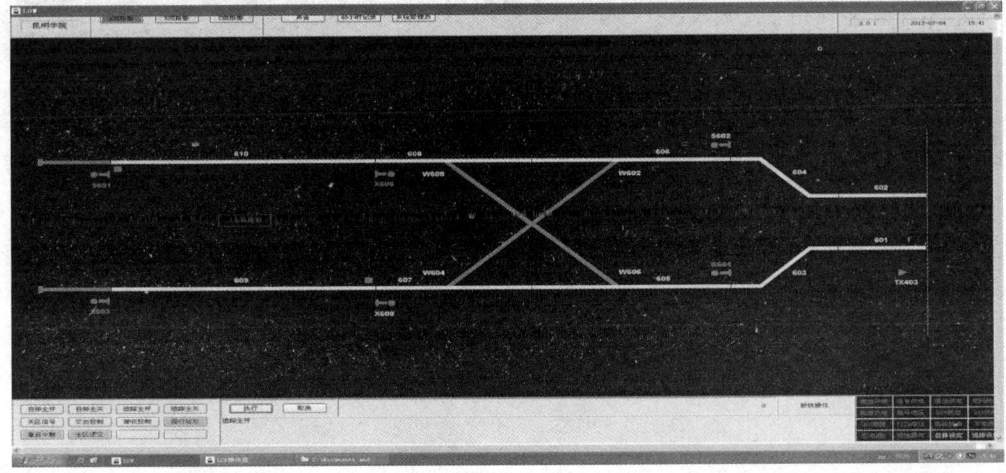

图 5-9　追踪全开

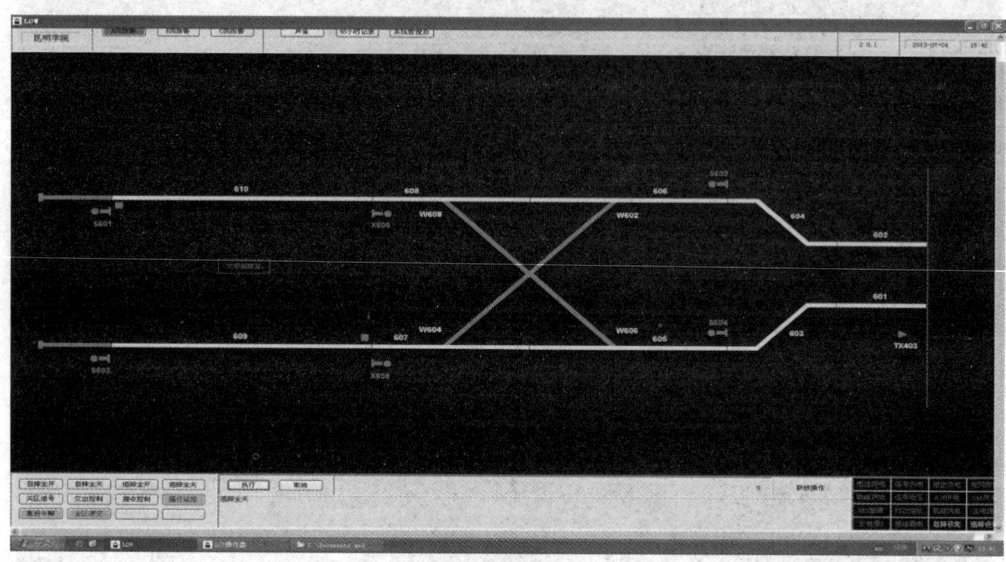

图 5-10　追踪全关

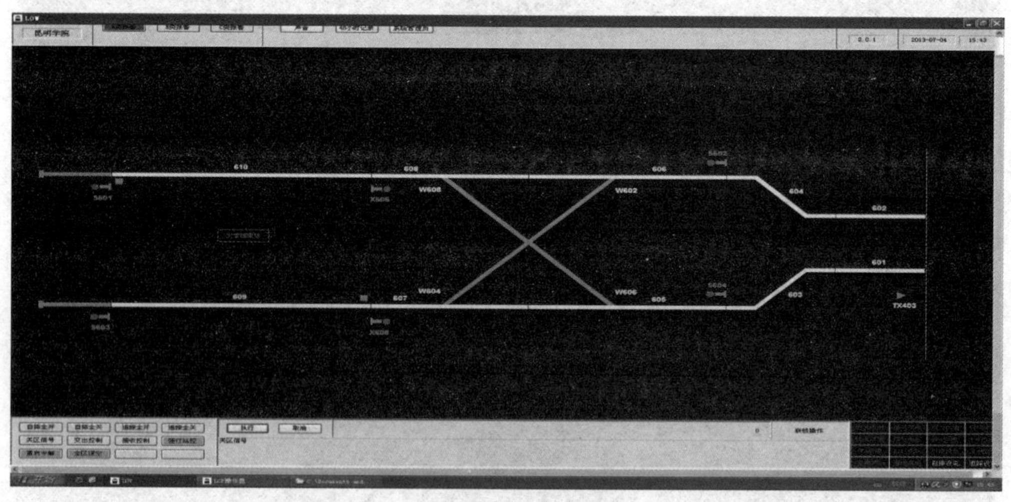

图 5-11　关区信号

5.4 进路操作

5.4.1 进路操作顺序

进路的操作过程可进一步分解成以下5个阶段：

(1) 操作阶段。办理进路时，在操作台上按压进路始、终端按钮以确定进路的范围、方向和性质(指列车进路，还是调车进路)。

(2) 选路(岔)阶段。根据已确定的进路范围，自动选出与进路有关的道岔，并确定它们符合进路开通位置。

(3) 道岔转换阶段。将选出的道岔转到所需的位置。

(4) 进路锁闭阶段。道岔转换完毕后，将进路上的道岔和敌对进路(包括迎面敌对进路)予以闭锁，确保行车安全。

(5) 开放信号阶段。进路锁闭后，信号开放(给出允许显示)，指示列车可驶入进路。

5.4.2 LOW上对进路的操作

信号系统正常时，进路可自动排列。需要时，也可在C-LOW上或在LOW上排列进路，排列进路的指令见表5-2。

表5-2 进路命令表

按钮缩写	命令含义	命令类型
排列进路	排列进路	R
取消进路	取消进路	R

在LOW上，要排列一条基本进路，只需单击LOW主窗口上要排列进路的始端信号机，再右击要排列进路的终端信号机，此时所选始端信号机和终端信号机都会被打上灰色底色，然后在对话框中的命令显示栏(在LOW的左下角)单击“排列进路”命令，最后单击对话框中的“执行”按钮即可，如图5-12所示。

此时，联锁计算机就会自动检查该进路的进路建立条件，如果满足进路的建立条件，相应的进路会自动建立，并进入相应的监控层。如果达到了主信号层，且始端信号机正常时，始端信号机就会自动开放；但如果只达到了引导层，始端信号机不会开放，只能在满足开放引导信号的条件下人工开放引导信号。

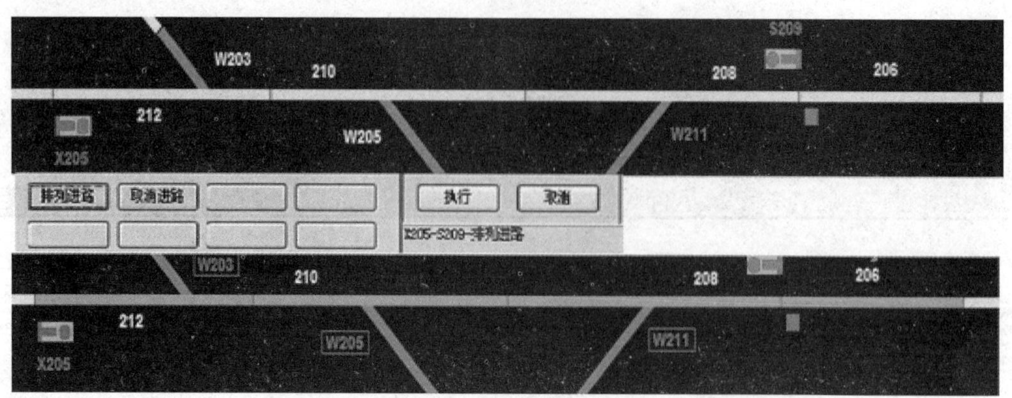

图 5-12 进路办理示意图

在 LOW 上，要取消一条已排好的进路，只需单击 LOW 主窗口上该进路的始端信号机，再右击该进路的终端信号机，此时所选始端信号机和终端信号机都会被打上灰色底色，然后在对话框中的命令显示栏(在 LOW 的左下角)单击“取消进路”命令，最后单击对话框中的“执行”按钮即可，如图 5-13 所示。

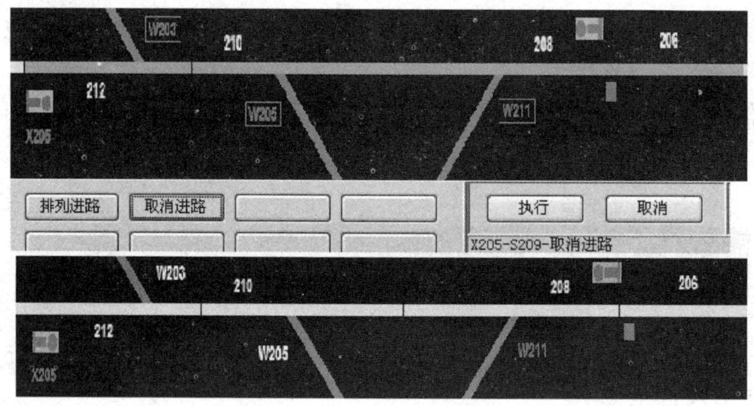

图 5-13 进路取消示意图

5.5 LOW 轨道区段操作

1. 封锁和解封区段

(1) 单击 LOW 主窗口上的轨道元件或轨道元件编号，如 306，此时所选元件被打上高亮底色。

(2) 在对话框中的命令显示栏(在 LOW 的左下角)单击“封锁区段”命令，最后单击对话框中的“执行”按钮即可。

(3) 如果允许通过该区段排列进路，则在对话框中的命令显示栏(在LOW的左下角)单击“解封区段”命令，并单击对话框中的“执行”按钮，在15秒内按“释放一”按钮，在10秒内按“释放二”按钮，否则安全相关命令操作会被自动取消，而且在未单击“释放二”之前，可以通过单击“取消”按钮来取消安全相关命令操作，如图5-14所示。

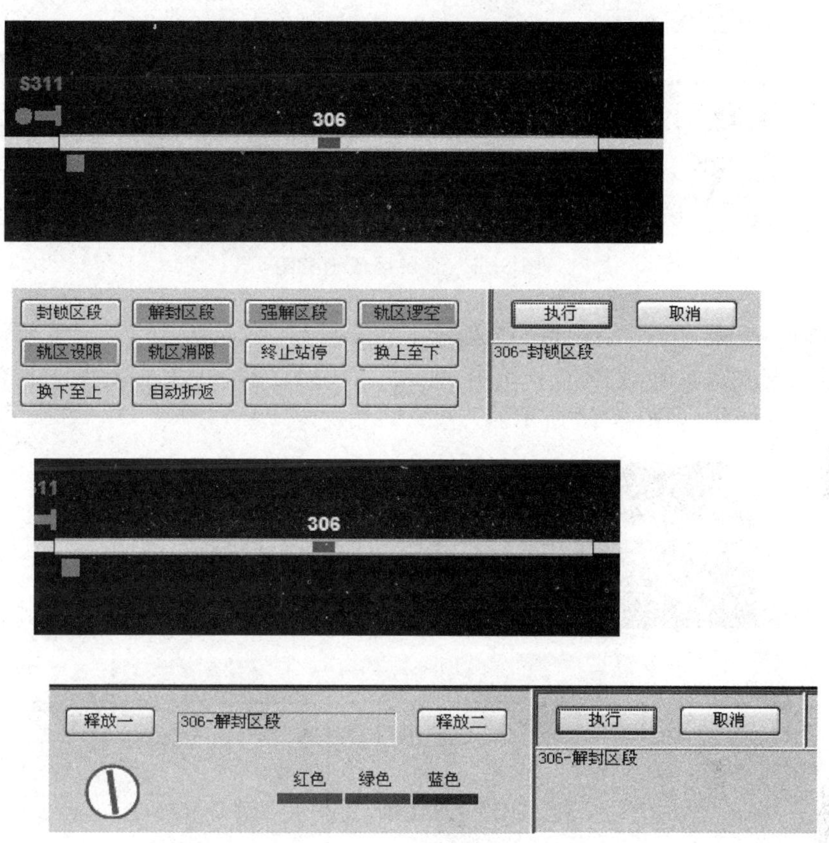

图5-14　区段相应操作示意图

2. 强解区段

(1) 单击LOW主窗口上的轨道元件或轨道元件编号，如306，此时所选元件被打上高亮底色。

(2) 在对话框中的命令显示栏(在LOW的左下角)单击“强解区段”命令，最后单击对话框中的“执行”按钮，在15秒内按“释放一”按钮，在10秒内按“释放二”按钮，否则安全相关命令操作会被自动取消，而且在未单击“释放二”按钮之前，可以通过单击“取消”按钮来取消安全相关命令操作，如图5-15所示。

3. 轨区逻空

(1) 单击LOW主窗口上的轨道元件或轨道元件编号，如306，此时所选元件被打上高亮底色。

(2) 在对话框中的命令显示栏(在LOW的左下角)单击“轨区逻空”命令，最后单击对

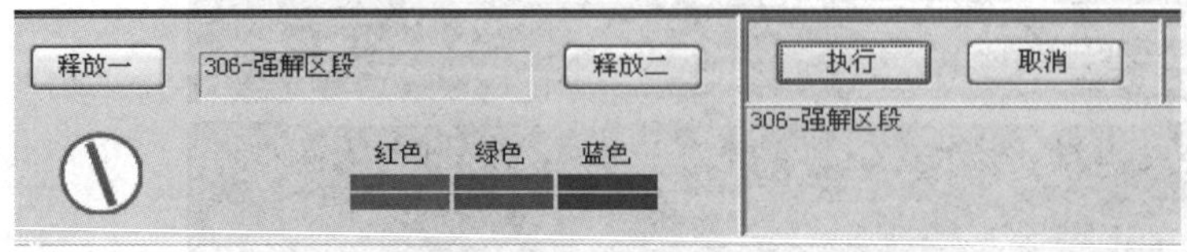

图 5-15　强解区段示意图

话框中的"执行"按钮，在 15 秒内按"释放一"按钮，在 10 秒内按"释放二"按钮，否则安全相关命令操作会被自动取消，而且在未单击"释放二"按钮之前，可以通过单击"取消"按钮来取消安全相关命令操作，如图 5-16 所示。

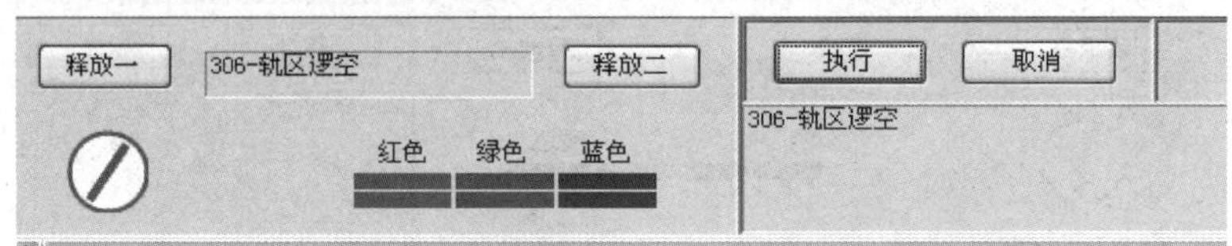

图 5-16　轨区逻空示意图

4. 轨区设限和轨区消限

(1) 单击 LOW 主窗口上的轨道元件或轨道元件编号，如 306，此时所选元件被打上高亮底色。

(2) 在对话框中的命令显示栏(在 LOW 的左下角)单击"轨区设限"命令，最后单击对话框中的"执行"按钮，在 15 秒内按"释放一"按钮，在 10 秒内按"释放二"按钮，否则安全相关命令操作会被自动取消，而且在未单击"释放二"按钮之前，可以通过单击"取消"按钮来取消安全相关命令操作。

(3) 如果取消轨道区段的限速，则在对话框中的命令显示栏(在 LOW 的左下角)单击"轨区消限"命令，并单击对话框中的"执行"按钮，在 15 秒内按"释放一"按钮，在 10 秒内按"释放二"按钮，否则安全相关命令操作会被自动取消，而且在未单击"释放二"按钮之前，可以通过单击"取消"按钮来取消安全相关命令操作，如图 5-17 所示。

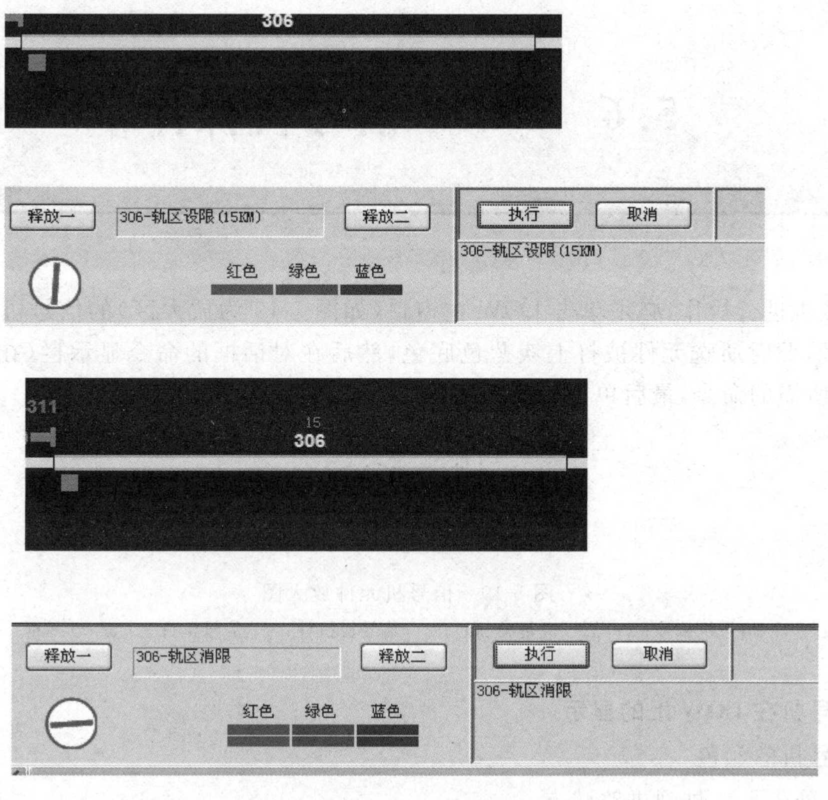

图 5-17 轨区设限示意图

5. 终止站停

(1) 单击 LOW 主窗口上的轨道元件或轨道元件编号，如 306，此时所选元件被打上高亮底色。

(2) 在对话框中的命令显示栏(在 LOW 的左下角)单击“终止站停”命令，最后单击对话框中的“执行”按钮即可，如图 5-18 所示。

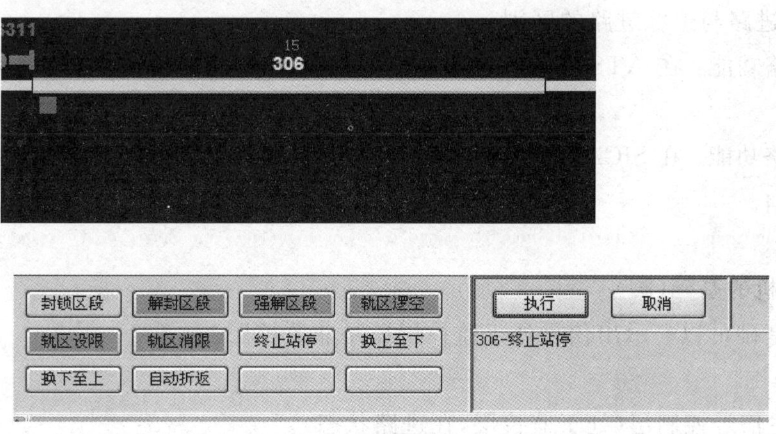

图 5-18 终止站示意图

5.6 LOW信号机操作

对信号机进行操作，必须单击LOW主窗口（如图5-19为放大区）的信号机元件或信号机元件编号，此时所选元件被打上淡蓝色底色，然后在对话框的命令显示栏（在LOW的左下角）单击所需的命令，最后单击对话框中的“执行”按钮即可。

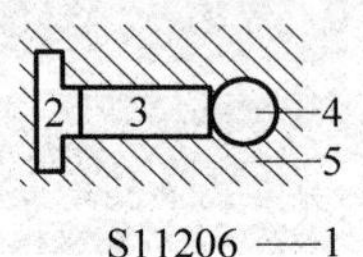

图5-19 信号机元件放大图

1—信号机编号；2—信号机基础（脚）；3—信号机机柱；4—信号机灯头；5—选择框

1. 信号机在LOW上的显示

1）信号机的颜色

红色：处于人工排列进路状态。

绿色：处于自动排列进路状态。

黄色：处于追踪进路状态。

2）信号机的状态

（1）稳定：正常。

（2）闪烁：信号机红灯断主丝故障或绿灯/黄灯灭灯。

如果信号机红灯为灭灯故障，则信号机机柱及信号机灯头同时闪烁。

3）自排进路与追踪进路的区别

自排进路功能：在ATS系统中实现，可以根据不同目的地码，自动排列不同的相应进路。

追踪进路功能：在SICAS系统中实现，只能自动排列唯一的一条进路，进路方向为正常的运营方向。

2. 信号机的基础（脚）

信号机基础可以显示出信号处于监控层还是非监控层。

1）颜色

绿色：主信号控制层（处于监控层，在进路状态）。

黄色：引导信号控制层（处于监控层，在进路状态）。

红色：非监控层（或不在进路状态）。

2）状态

（1）稳定：正常。

（2）闪烁：在延时中，进路延时取消，进路延时建立或保护区段延时解锁。

3. 信号机机柱

信号机机柱用以记录信号机的开放及关闭情况。

绿色：信号机开放，且开放主信号。

黄色：信号机开放引导信号。

红色：信号机关闭，且未开放过（针对本次进路）。

蓝色：信号机关闭，但曾经开放过（针对本次进路）。

4. 信号机灯头

信号机灯头可以用来显示信号机处于开放还是关闭状态，用不同颜色代表相应状态。

绿色：信号机处于开放主信号状态。

红色：信号机处于关闭状态（但可以开放引导信号）。

蓝色：信号机处于关闭状态，且被封锁（但可以引导信号）。

注：信号机机体灰色表示无数据。

5. 替代信号机标识

（1）替代信号机标识的主体为红色横三角形“▶”。

（2）替代信号机标识的编号为白色，且在被替代的信号机的编号前加一个“F”。

注：在 LOW 上设置替代信号机标识，只是为了排列跨联锁区的进路而设置的，并不反映时间信号机的开放及关闭状态。

虚拟信号机的设置是为了解决现场不需要设置防护信号机，但又可以解决进路太长而导致运营效率降低的问题而设置的。虚拟信号机在 LOW 上的显示与正常的信号机是一样的，功能也一样，只是在编号前加了一个“F”，如 F10201 等。

注：虚拟信号机在现场设备中并不存在。

5.7 LOW 车站操作

在 LOW 上的站点显示如图 5-20 所示。

（1）车站名显示不同颜色的含义：

绿色：代表车站控制（局控）。

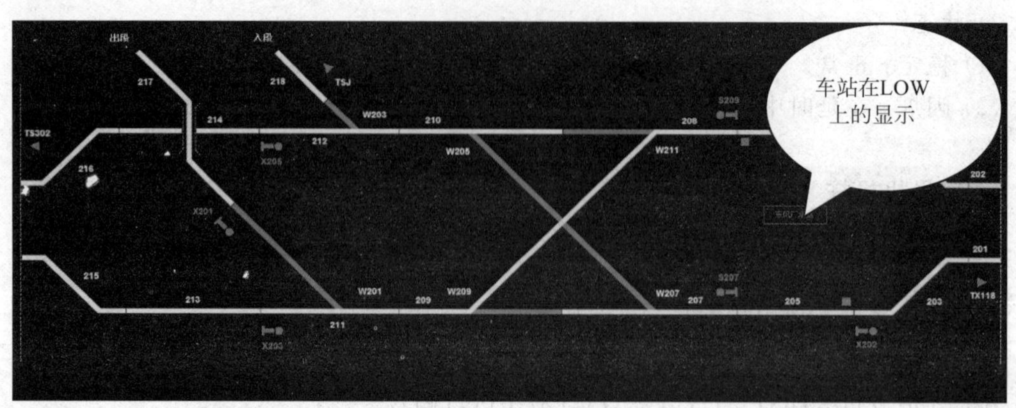

图 5-20　站点示意图

白色：代表 OCC 控制(遥控)。

(2) 车站名显示不同状态的含义：

绿色闪烁：车站交出控制，但 OCC 未接收(控制权仍在车站)。

白色闪烁：OCC 交出控制，但车站未接受(控制权仍在 OCC)。

第6章

C-LOW中心操作工作站

6.1 C-LOW 的组成

6.1.1 显示器的组成

启动工作平台后，显示器屏幕由三个窗口组成，分别为基本窗口、主窗口和对话框，每个窗口的排列是固定的，如图 6-1 所示。

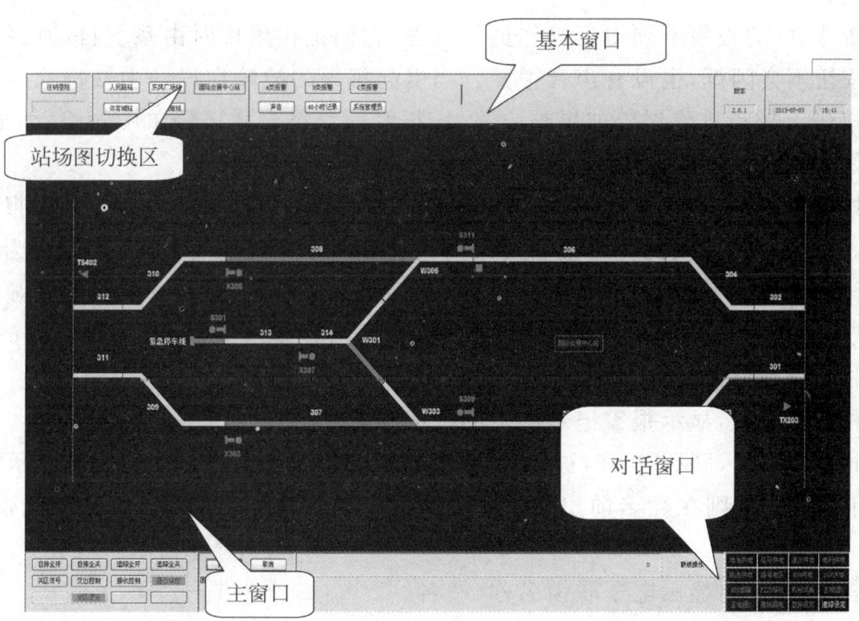

图 6-1　C-LOW 主界面

1. 基本窗口

系统启动后第一个出现的窗口为基本窗口，基本窗口包括：登记进入/注销登录按钮；联锁站场图切换按钮(LOW 的操作界面上没有这个按钮)；A、B、C 类报警按钮；管理员按钮；48 小时调档按钮；消除报警音响按钮；日期和时间显示；版本号显示。

(1) C-LOW 可以通过切换按钮显示全线所有联锁站的车站图，并可以对所有站进行远程遥控控制。

(2) 登录进入/登录退出按钮。

(3) 报警按钮

A、B、C 类报警按钮如图 6-2 所示。

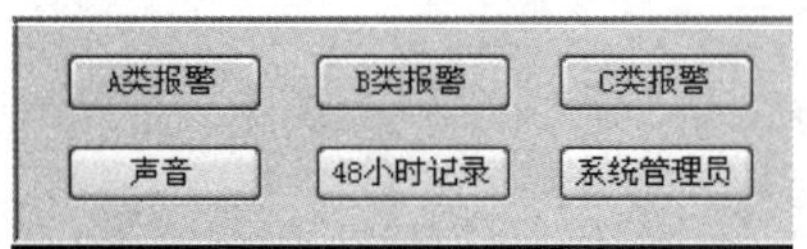

图 6-2　A、B、C 类报警按钮

它们位于联锁站场图切换按钮的右端，三个报警按钮可以分别打开相应的报警单，并在主窗口中显示出来。

A 类级别最高，C 类级别最低，如果不存在报警，报警按钮显示灰色。一旦出现报警，相应级别的报警按钮开始闪烁并发出声音报警，报警级别越高，报警声越持久。要对报警进行确认，只要单击相应的报警按钮，就可以打开相应的报警单，然后选择需要确认的报警信息，再在对话框中单击报警确认按钮就可以对报警进行应答。报警单中只要有一个报警未被应答，报警按钮就会保持红色闪烁，当报警单中的所有报警都被应答，报警按钮呈永久红色，报警声被关闭。

在系统中，C 类报警不须得到操作员的应答，它们是在出现时由系统自动应答的。因此 C 类报警按钮不会闪烁，也没有声音报警。当引起报警的故障在设备中被排除后，设备发出故障排除报告。故障排除报警如果被应答，该报警信息将会从报警单中删除，如果报警单中不再有报警，则报警按钮重新显示灰色。

图像按钮的颜色，也用来显示设备报警状况。如果图像反映的设备要素无报警，图像按钮为灰色。只要图像反映的一个设备要素的报警有一个未被应答，那么此按钮为红色闪烁。如果所有报警都被应答，此按钮为稳定红色。直到所有故障被排除才回到灰色显示。

而 A、B、C 类报警单的格式是完全一致的，报警内容按六个栏目显示，如图 6-3 所示。

第一栏：级别栏，用于区分 A 类、B 类或 C 类报警的级别。

第二栏：时间栏，显示报警记录产生的日期和时间。

第三栏：应答栏，显示应答时被通知的使用者姓名，如还未进行应答时则显示"*****"。且如果事件正存在，则在姓名前出现一个"+"号。如果事件已消失，则在姓名前出现一个"—"号。

第四栏：名称栏，显示电子联锁名称、站名。

第五栏：要素栏，包括显示要素名称。

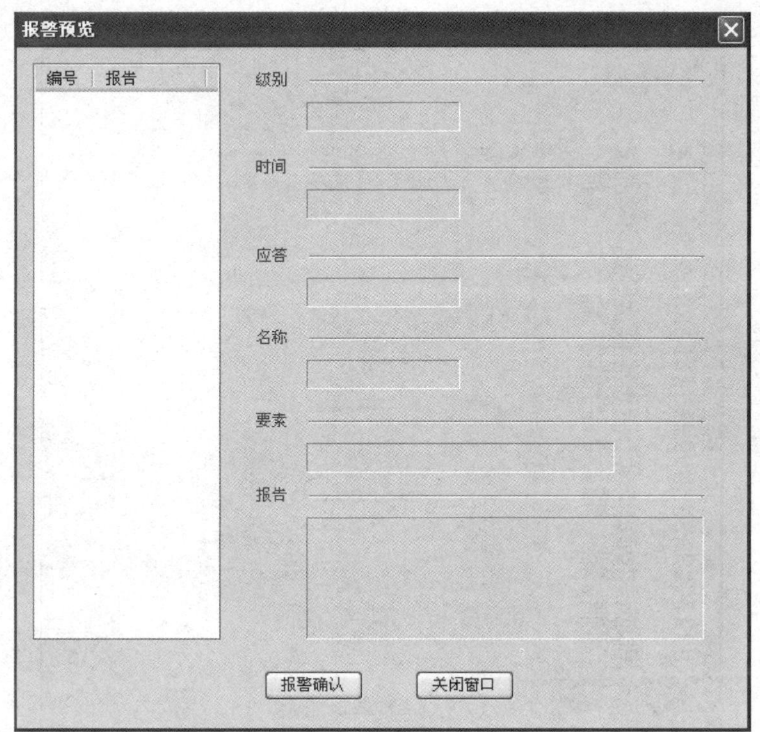

图 6-3 报警格式预览

第六栏：报告栏，显示报警的文字报告、故障原因等。

(4) 声音按钮

位于 A 类报警按钮的下边(见图 6-2)，只要单击此按钮一下，就可以关闭报警声音，直到下一次报警出现。

(5) 48 小时调档按钮

位于声音按钮的右边(见图 6-2)，B 类报警的下边，只要单击一下 48 小时调档按钮，就可以打开 48 小时调档清单以及 48 小时调档对话。

48 小时调档按照三个不同的级别 A、B 和 C 将电子联锁装置 48 小时内发生的特别情况记录存档。48 小时以后，记录将被自动删除。48 小时调档清单的格式如图 6-4 所示。

(6) 管理员按钮

位于 48 小时调档按钮的右边(见图 6-2)，C 类报警的下边，这个按钮用于显示当前操作人员的所有操作权限。

(7) 日期和时间的显示

位于基础窗口的最右边，操作期间，必须对日期和时间进行检查，因为所有的记录都以此日期和时间加以说明。

2. 主窗口

C-LOW 启动后的主要窗口是显示整个电子联锁站场及所有过程信息的界面(用于显示站场图，把本联区管辖的必要设备显示出来)，如图 6-5 为某个站主窗口显示图。

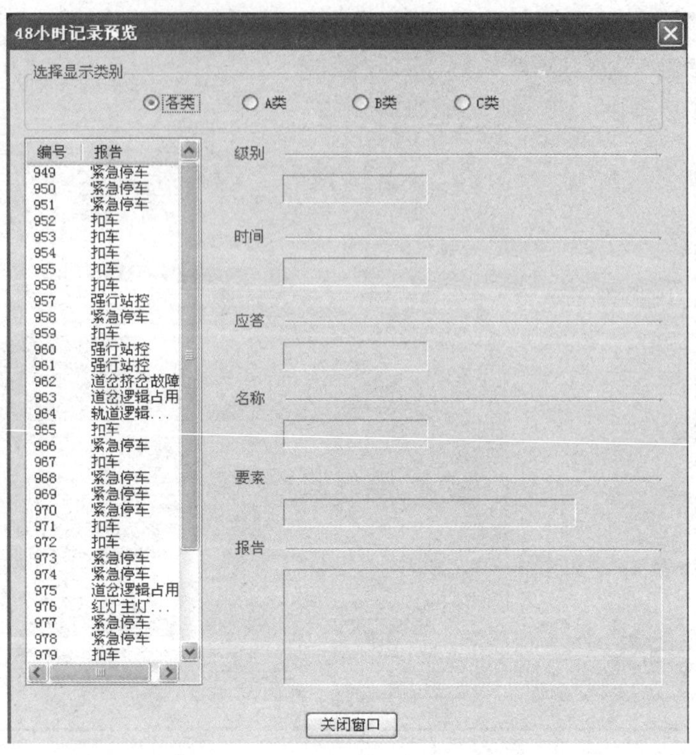

图 6-4　48 小时记录各类报警

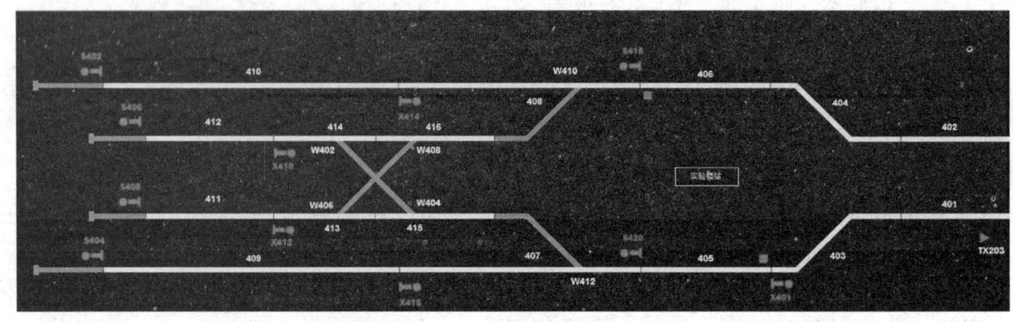

图 6-5　实验楼站主窗口

轨道区段(含道岔区段)在 C-LOW 上的表示用轨道区段的编号和颜色进行标注。轨道区段有六种优先等级颜色在 C-LOW 上显示,从高到低分别是灰色、深蓝色、粉红色、红色、绿色或淡绿色、黄色。例如,通过某一轨道区段排列进路后此次区段发生红光带故障,则此区段优先显示红色,同时覆盖了绿色和黄色。

颜色所代表的含义如下:

(1) 黄色:常态,空闲,没有被进路征用。

(2) 绿色:空闲,被进路征用。

(3) 红色:物理占用。

(4) 粉红色:逻辑占用。

（5）轨道中部深蓝色：表示该区段已被封锁，拒绝通过该区段排列进路（如果轨道中部深蓝色闪烁，表示该区段已进行封锁操作，但对下一条进路才有效）。

（6）灰色：无数据（轨道电路设备与联锁计算机连接中断）。

6.1.2　对话框

C-LOW 站的对话框主要由命令按钮栏、执行按钮、取消按钮以及综合信息显示栏组成。

1. 命令按钮栏

可以显示当前的所有命令按钮，以供操作员选择，命令按钮栏可根据不同要素的选择，显示出所选要素的所有操作命令，如果没有选择任何要素，命令按钮栏显示的命令为对联锁的所有操作。

2. 执行按钮

用于执行当前的操作，一旦单击执行按钮，当前的操作就会被联锁记录执行。

3. 取消按钮

用于取消当前的操作。

4. 综合信息显示栏

显示信号系统的各种供电情况以及自排、追踪情况。如果相应的供电正常，相应的显示为绿色字体，如果故障则显示红色字体，而如果没有打开自排功能时，自排全开的字体为白色；一旦打开了自排功能则自排全开字体为绿色。对于追踪进路，如果打开追踪功能，追踪进路字体为黄色；没有打开追踪功能，则追踪进路字体为白色。

6.2　C-LOW 进路操作

1. C-LOW 进路排列

在 C-LOW 上，要排列一条基本进路，只要单击 C-LOW 主窗口上要排列进路的始端信号机，再右击要排列进路的终端信号机，此时所选的始端信号机和终端信号机都会被打上灰色底色，然后在对话框的命令显示栏（在 C-LOW 的左下角）单击“排列进路”的命令，最后单击对话框的“执行”按钮即可，如图 6-6 所示。

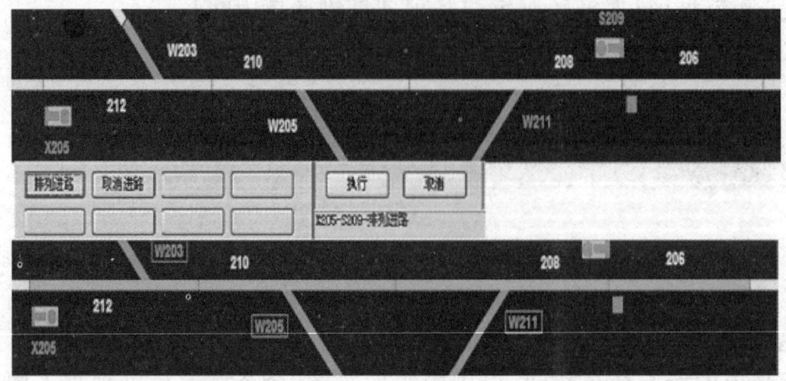

图 6-6　排列进路示意图

此时联锁计算机就会自动检查该进路的进路建立条件，如果满足进路建立的条件，相应的进路会自动建立，并进入相应的监控层，如果达到了主信号层，且始端信号机正常时，始端信号机就会自动开放；但如果只达到了引导层，始端信号机不会开放，只能在满足开放引导信号的条件下人工开放引导信号。

2. 取消基本进路

在 C-LOW 上，要取消一条已排好的进路，只要单击 C-LOW 主窗口上该进路的始端信号机，再右击该进路的终端信号机，此时所选始端信号机和终端信号机都会被打上灰色底色，然后在对话框中的命令显示栏（在 C-LOW 的左下角）单击“取消进路”的命令，最后单击对话框中的“执行”按钮即可，如图 6-7 所示。

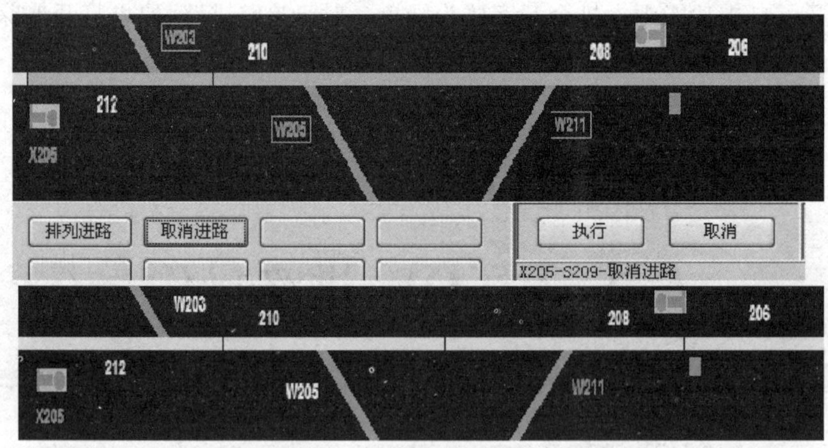

图 6-7　取消进路示意图

6.3 C-LOW 轨道区段的操作

对轨道区段进行操作时，单击 C-LOW 主窗口上的轨道元件或轨道元件编号，此时所选元件被打上灰色底色，然后在对话框的命令显示栏(在 C-LOW 的左下角)单击所需的命令，再单击对话框中的“执行”按钮即可。

1. 轨道区段状态表示

对轨道区段的工作状态有两种表示方法：

(1) 稳定表示正常；

(2) 闪烁表示在延时解锁中。

2. 运营停车点

运营停车点的设置是为了满足正常运营的需要。运营停车点的设置是：

(1) 设置了停车点，列车必须在站台区段停车。

(2) 列车已停稳在站台区段，此时取消营运停车点，列车可用 ATO 驾驶模式自动启动。

(3) 列车还没有进站，此时取消营运停车点，列车可以自动通过车站。

注：只有站台区段才有营运停车点显示，其他非站台区段并无该显示。

运营停车点通常用两种颜色表示：

(1) 红色：常态，设置了停车点。

(2) 绿色：取消了停车点。

3. 紧急停车显示标记

当按压了紧急停车按钮时，C-LOW 上相应的站台区段会出现一个闪烁的红色小蘑菇，此时紧急停车生效。按压取消紧急按钮，C-LOW 上的红色小蘑菇将消失，列车可以恢复正常运行。只有在站台区段才会出现紧急停车显示标记的显示，其他非站台区段并无该显示。部分显示如图 6-8 所示。

紧急停车作用的有效范围为：相应的站台区段及其相邻的区段。

4. 区段限速

用鼠标左键选择需要设限的轨道区段，在功能区选择“区段设限”按钮，选择限速的值。限速后的列车最高速度会以红色的 60、45、30、15 字体在相应的区段下方显示，如图 6-9 所示。

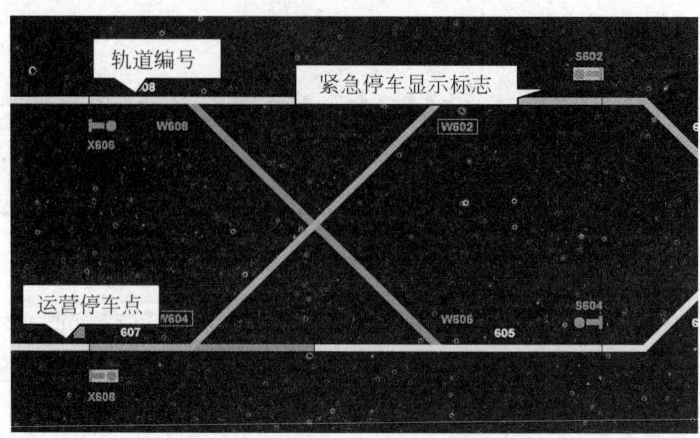

图 6-8 C-LOW 上轨道区段

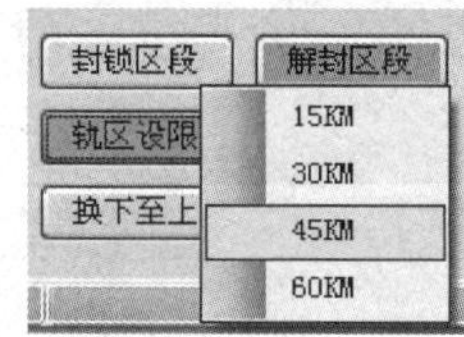

图 6-9 区段设限

5. 轨道区段的指令

轨道区段的指令含义见表 6-1。

表 6-1 常规命令表

按钮缩写	命令含义	命令类型
封锁区段	禁止通过区段排列进路(如果该轨道区段已存在进路,只对下一条进路生效)	R
解封区段	允许通过该区段排列进路	S
强解区段	解锁进路中的该区段	S
轨区逻空	把区段设为逻辑空闲	S
轨区设限	设置轨道区段的限速(只能在没有进路的情况下执行。设限只能由高往低设,不能由低往高设,也就是说,如果原来设置了 15km/h 的限速,这时不能直接设为 30km/h 的限速,必须在消限后才可以设为 30km/h 的限速。但是如果原来是设为 60km/h 的,可以在不消限的情况下设为 45、30、15km/h)	S
轨区消限	取消轨道区段的限速	S
终止站停	取消运营停车点	R

注:命令类型栏中"R"为普通命令,"S"为安全命令。

6.4　C-LOW 信号机的操作

信号机在 C-LOW 的显示如图 6-10 所示，对信号机的操作是：单击 LOW 主窗口上的信号机元件或信号机元件编号，此时所选元件被打上淡蓝色底色，然后在对话框中的命令显示栏（在 LOW 的左下角）单击所需的命令，最后单击对话框中的“执行”按钮即可。

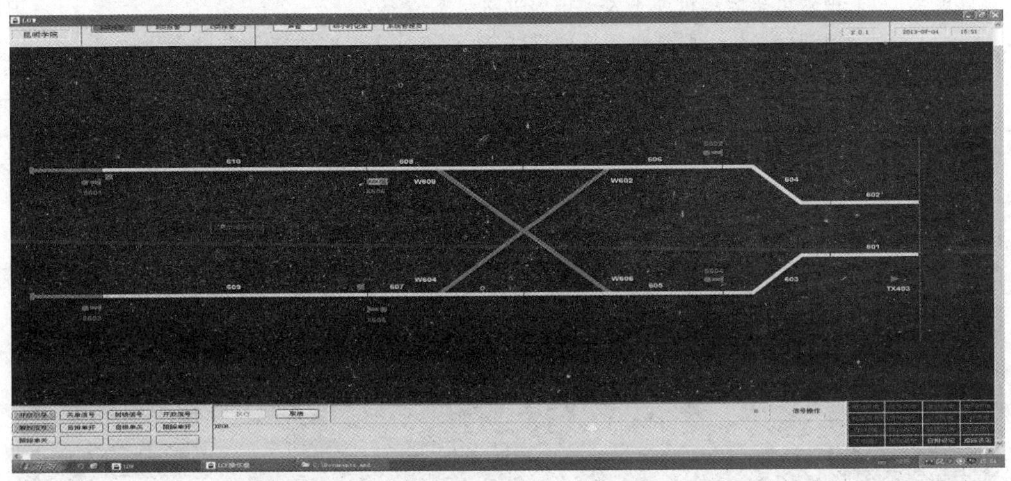

图 6-10　信号机在 LOW 上的显示

1. 信号机颜色

红色：处于人工排列进路状态。

绿色：处于自动排列进路状态。

黄色：处于追踪进路状态。

2. 信号机状态

(1) 稳定：正常。

(2) 闪烁：信号机红灯断主丝故障或绿灯/黄灯灭灯。

以下介绍自排进路与追踪进路的区别。

自排进路功能：在 ATS 系统中实现，可以根据不同目的地码，自动排列不同的相应进路。

追踪进路功能：在联锁系统中实现，只能自动排列唯一的一条进路，进路方向为正常的运营方向。

3. 信号机常规命令

在 C-LOW 端的信号机常规命令见表 6-2。

表 6-2 信号机常规命令

按钮缩写	命令含义	命令类型
开放引导	开放引导信号	S
关单信号	设置信号机为关闭状态	R
封锁信号	封锁在关闭状态下的信号机(信号机被封锁后,将不能开放主信号,但可以开放引导信号,且在人工解封后,(即使在信号没有开放过的情况下)信号都不会自动开放,只可以人工再次开放信号)	R
开放信号	设置信号机为开放状态(信号达到主信号层,信号没有被封锁,且信号机正常)	R
解封信号	取消对关闭状态下的信号机的封锁	S
自排单开	设置单架信号机处于自动排列进路状态(根据目的地码排列进路)	R
自排单关	设置单架信号机处于人工排列进路状态	R
跟踪单开	单架信号机由联锁自动排列进路(信号机具备追踪功能且自排全开功能没有打开,只有追踪功能信号机除外)	R
跟踪单关	单架信号机取消由联锁自动排列进路	R

注:命令类型栏中"R"为普通命令,"S"为安全命令。

常规命令相关操作截图如图 6-11～图 6-18 所示。

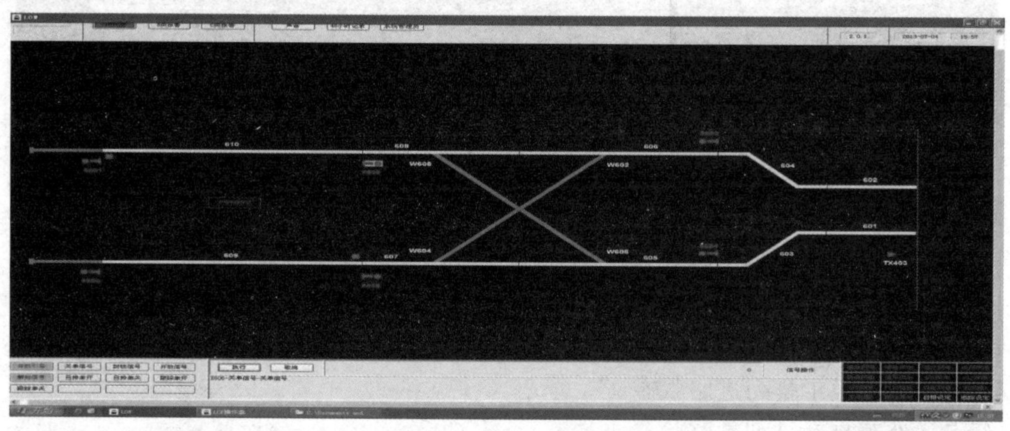

图 6-11 关单信号操作

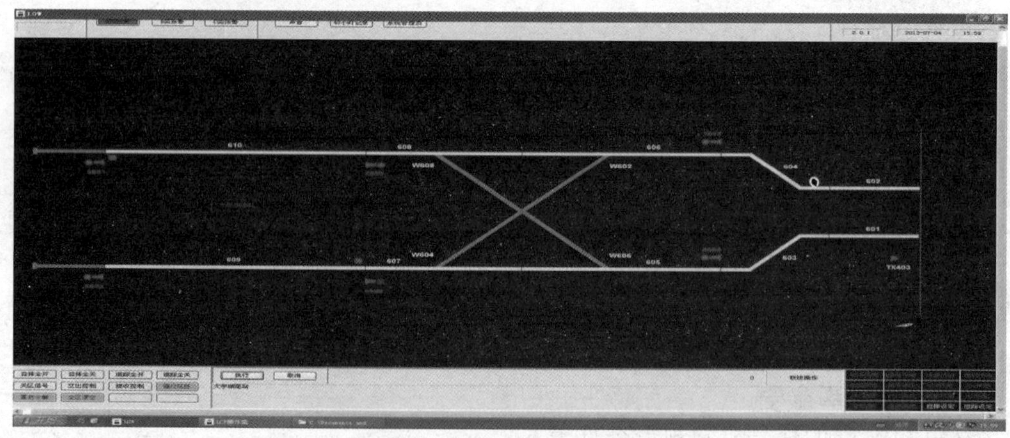

图 6-12 封锁信号操作

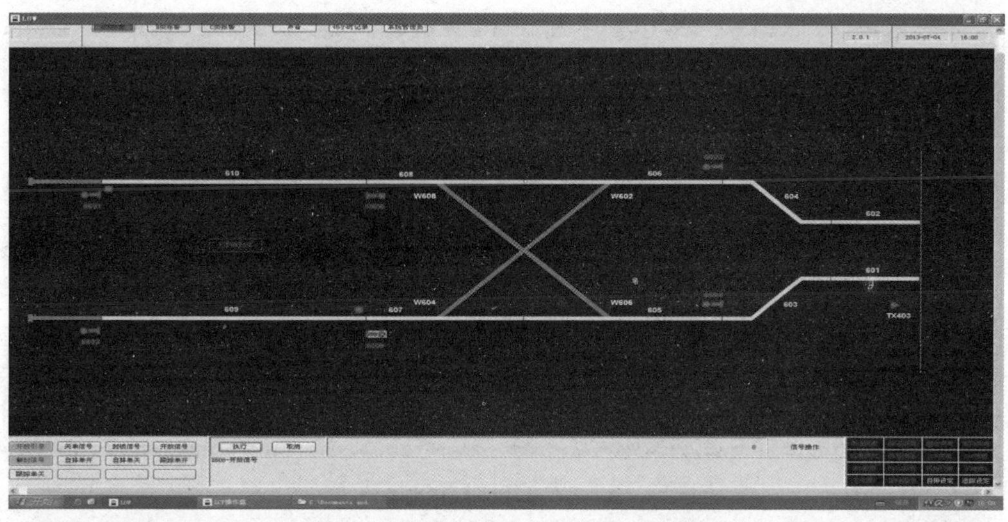

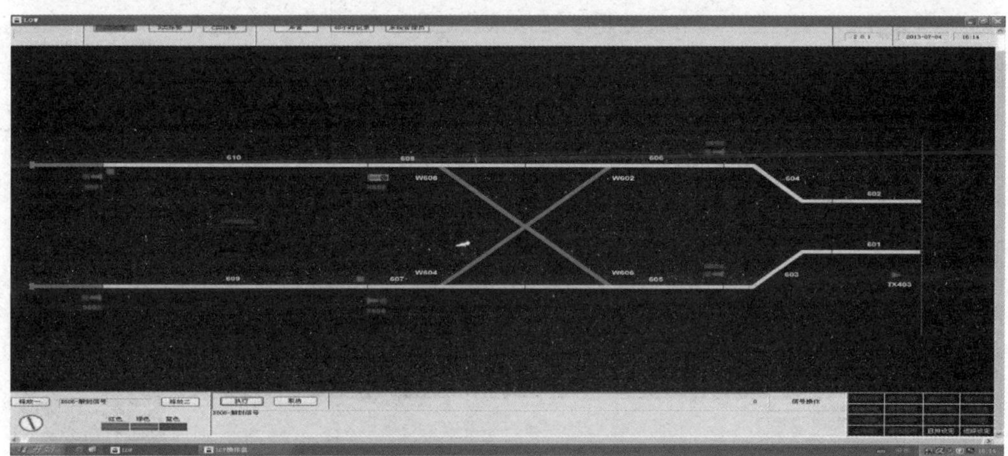

图 6-13　开放信号操作

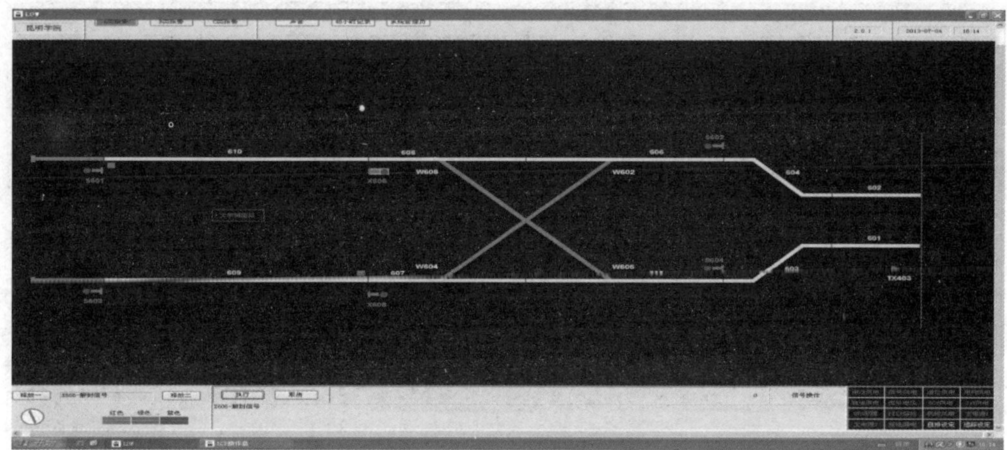

图 6-14　解封信号操作

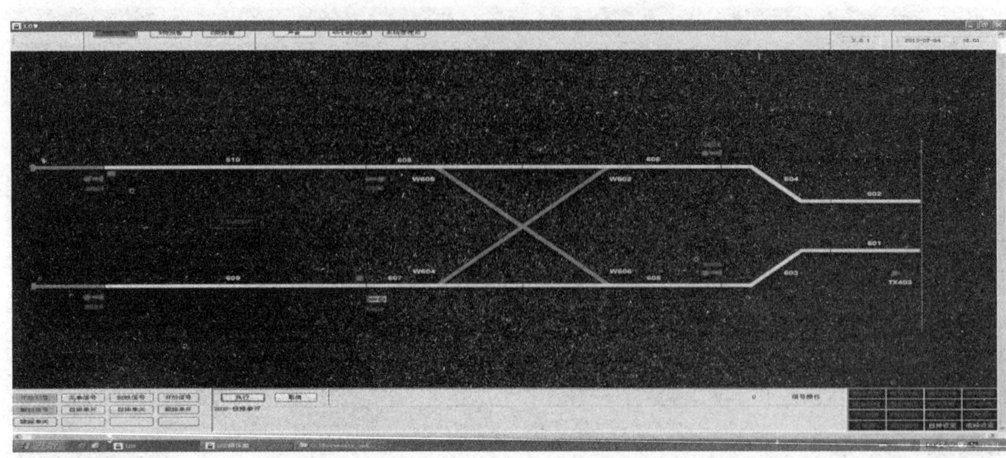

图 6-15　自排单开操作

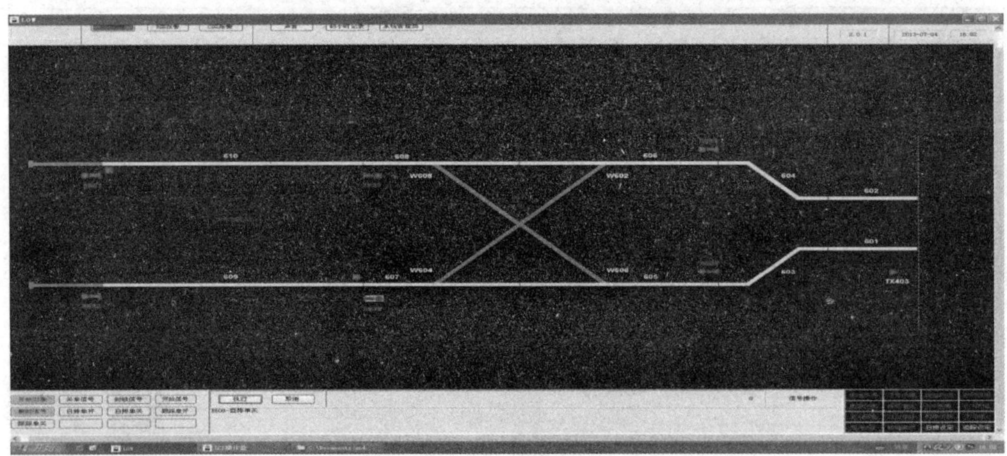

图 6-16　自排单关操作

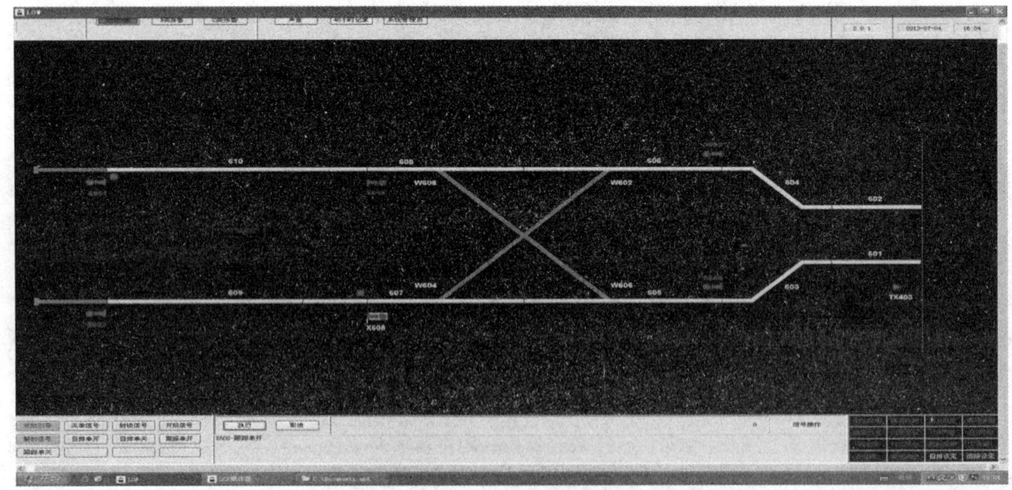

图 6-17　跟踪单开操作

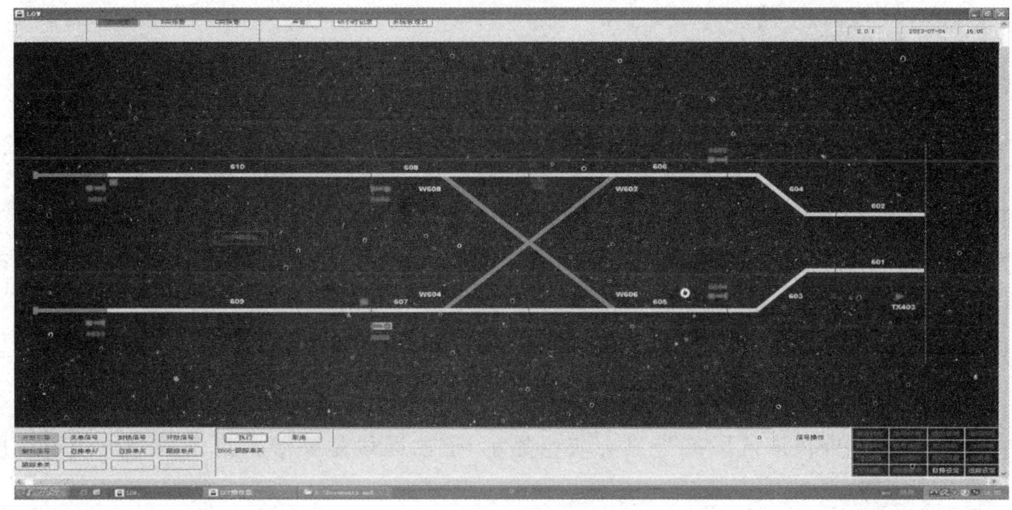

图 6-18　跟踪单关操作

6.5　C-LOW 道岔操作

道岔在 C-LOW 上的显示如图 6-19 所示，对道岔进行操作：单击 C-LOW 主窗口上的道岔元件或道岔元件编号，此时所选元件被打上灰色底色，然后在对话框中的命令显示栏（在 C-LOW 的左下角）单击所需的命令，最后单击对话框中的“执行”按钮即可。

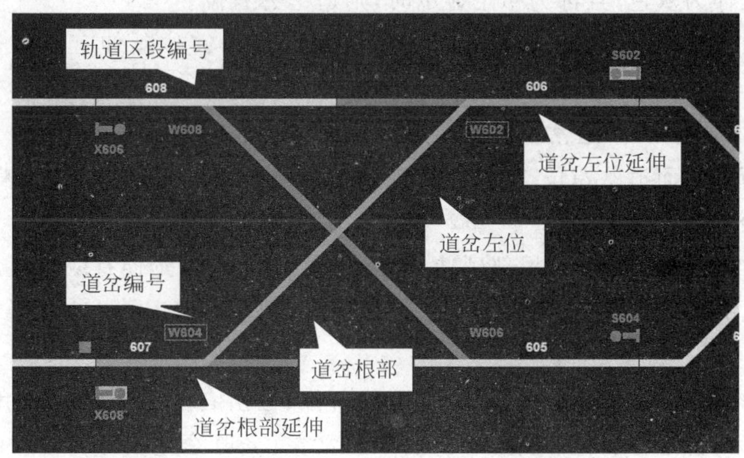

图 6-19　道岔显示图

1. 道岔颜色及状态

颜色：白色表示正常、无锁定。红色表示道岔被单独锁定。

状态：稳定表示正常。

2. 道岔编号框

如果该道岔没有被进路征用，则道岔编号不会出现道岔编号框，只有该道岔被进路征用锁闭时，道岔编号框才会出现。

3. 轨道区段编号

在道岔区段中，轨道区段编号只会灰色显示，道岔区段是一个带道岔的特殊轨道区段。

4. 岔体

岔体是由道岔根部、道岔根部延伸和腿部道岔右位、道岔右位延伸、道岔左位、道岔左位延伸组成。

1）颜色表示含义

(1) 黄色：常态，空闲，没有被进路征用。

(2) 绿色：空闲，被进路征用。

(3) 红色：占用，物理占用。

(4) 粉红色：占用，逻辑占用。

(5) 道岔中部深蓝色：表示该区段已被封锁，拒绝通过该区段排列进路。(如果轨道中部深蓝色闪烁，表示对该区段已进行封锁操作，但对下一条进路才有效。)

(6) 灰色：无数据。

2）道岔位置判断

(1) 岔体的道岔根部、道岔根部延伸、道岔右位、道岔右位延伸有颜色显示，而道岔左位、道岔左位延伸为灰色，且都为稳定显示时，则道岔为右位。

(2) 岔体的道岔根部、道岔根部延伸、道岔左位、道岔左位延伸有颜色显示，而道岔右位、道岔右位延伸为灰色，且都为稳定显示时，则道岔为左位。

(3) 岔体的道岔根部、道岔根部延伸、道岔右位、道岔右位延伸有颜色显示，且道岔右位为闪烁(俗称短闪)，而道岔左位、道岔左位延伸为灰色且稳定时，则该道岔表示为右位转不到位(右位无表示)。

(4) 岔体的道岔根部、道岔根部延伸、道岔左位、道岔左位延伸有颜色显示，且道岔左位为闪烁，而道岔右位、道岔右位延伸为灰色且稳定时，则该道岔表示为左位转不到位(左位无表示)。

(5) 岔体的道岔根部、道岔根部延伸、道岔右位、道岔右位延伸、道岔左位、道岔左位延伸均有颜色显示，且道岔右位、道岔右位延伸、道岔左位、道岔左位延伸均为闪烁(俗称两腿长闪)，则该道岔表示为挤岔表示。

5. 道岔区段限速标记

道岔区段设置了限速，限速的列车最高速度会以红色的60、45、30、15字体在相应的区段下方显示出来。此时，列车通过该道岔区段的最高速度不能大于此限制速度，可设置的速度分别为：60、45、30、15km/h四种。

6.6　C-LOW车站操作

车站在C-LOW中的显示如图6-21（未交出控制）、图6-20（已交出控制）所示。

下面说明车站名的颜色及状态

1. 颜色

绿色：车站控制（局控）。

白色：OCC控制（遥控）。

2. 状态

绿色闪烁：车站交出控制、OCC未接收（控制权仍在车站）。

白色闪烁：OCC交出控制、车站未接受（控制权仍在OCC）。

图6-20、图6-21分别表示人民路站已交出控制和未交出控制。

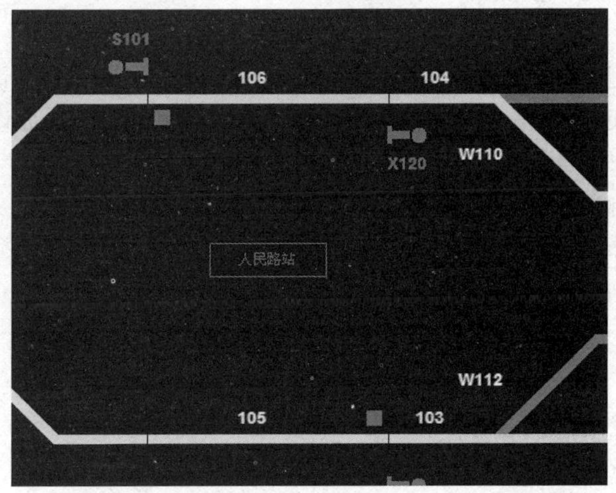

图6-20　已交出控制

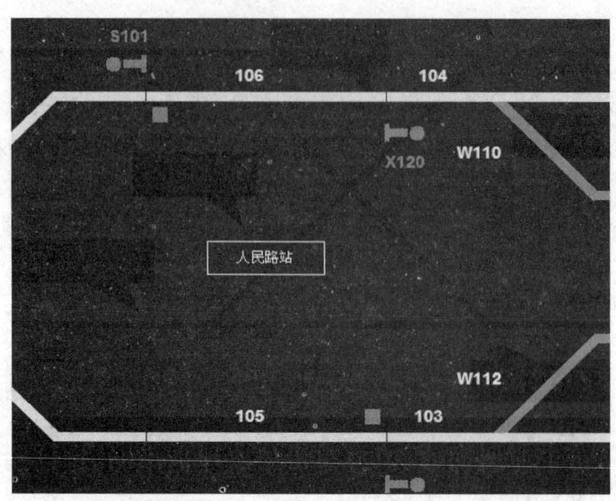

图 6-21　未交出控制

6.7　C-LOW 上模拟故障的设置

系统针对道岔设置三种类型的故障：道岔挤岔故障、道岔无表示故障、道岔逻辑占用故障。

1. 道岔故障的设置和恢复

1）设置故障

只有在 C-LOW 上才能设置故障，其设置故障的方式为：先按住键盘上的 Ctrl 键不松手，然后右击道岔区段，在弹出的快捷菜单中选择需要设置的故障，如图 6-22 所示。

2）恢复故障

如果需要恢复故障，即取消故障，可以通过在键盘上按住 Ctrl 键，右击道岔区段，在弹出的快捷菜单中选择“******** 恢复”命令实现。

道岔逻辑故障的恢复除了通过右键菜单之外，还可以在 C-LOW 上执行“道岔逻空”命令。

2. 道岔故障设置之后的现象

1）道岔挤岔故障的现象

道岔区段左右位长闪。

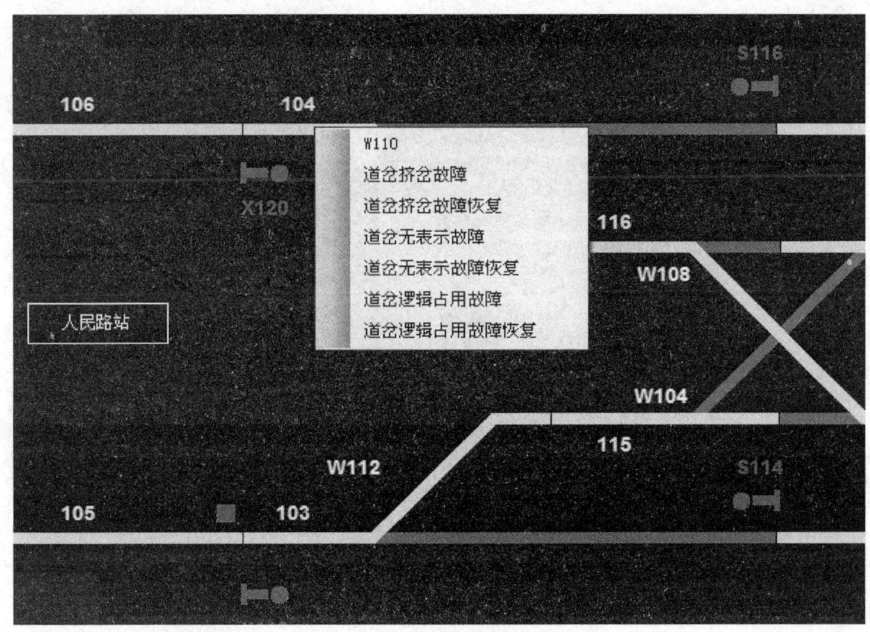

图 6-22 故障设置与恢复

2）道岔无表示故障的现象

道岔左位或右位短闪。

3）道岔逻辑占用故障的现象

道岔颜色粉红色显示。

3. 轨道区段故障的设置

1）轨道区段故障的设置和恢复

系统针对轨道区段设置了轨道逻辑占用故障。

2）轨道区段故障设置之后的现象

对轨道区段设置了逻辑占用故障之后轨道的颜色为粉红色显示。

4. 信号灯故障的设置

系统针对信号灯设置三种类型的故障：红灯主灯断丝故障、绿灯主灯断丝故障、黄灯主灯断丝故障。

1）信号灯故障的设置和恢复

(1) 故障设置

先按住键盘上的 Ctrl 键不松手，然后右击信号机，在弹出的快捷菜单中选择需要设置的故障。C-LOW 屏幕的显示如图 6-23 所示。

(2) 故障恢复

如果需要恢复故障，即取消故障，可以通过在键盘上按住 Ctrl 键，右击道岔区段，在弹出的快捷菜单中选择“ ******** 恢复”命令实现。

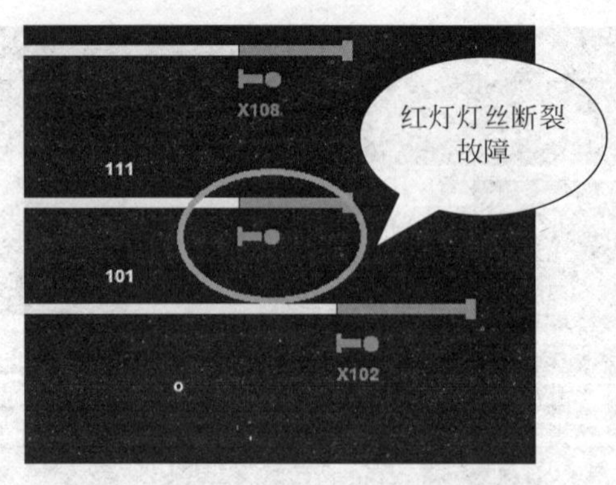

图 6-23 红灯主灯断丝故障显示

2）信号机故障设置后的现象

信号机故障设置之后，其信号机的编号将会出现闪烁，故障恢复之后编号闪烁将消失。

第7章

LCP现场控制工作盘

7.1 LCP

LCP 为车站行车值班员值班室的控制操作盘，是行车组织的一种按键式运行控制辅助设备，它可以通过人工按压按钮实现快速直接的操作控制，具有运行双方向实现扣车、紧急停车等功能。

LCP 控制由计算机及相关软件系统构成，工作界面一般由车站名称、上行操作按钮区、下行操作按钮区三部分组成，上下行操作按钮如图 7-1、图 7-2 所示。

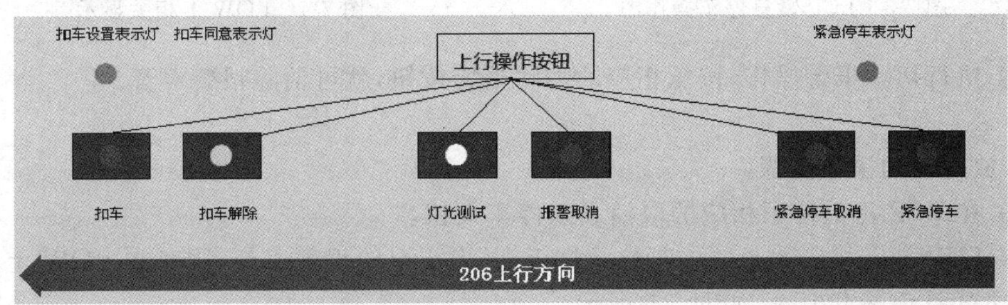

图 7-1　LCP 上行操作按钮

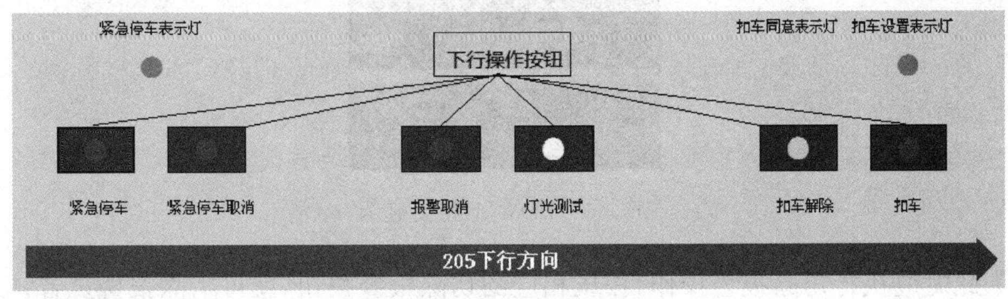

图 7-2　LCP 下行操作按钮

7.2 LCP 对紧急停车的操作

有效操作紧急停车的前提条件是：车辆在 SM、ATO 及 AR 模式下行驶，列车未进入站点或停稳在站台时的运营停车点未取消，满足这两个条件，紧急停车操作才有效。紧急停车的有效范围是相应的站台区段及其相邻的区段。

1. 紧急停车的操作步骤

(1) 在 LCP 盘上按压相应的紧急停车按钮，相应的按钮如图 7-3 所示。

(2) LCP 盘上相应的紧急停车指示灯亮红灯，并发出电铃报警声音，同时在 LOW 上相应的站台区段出现红色蘑菇闪烁，如图 7-4 所示。

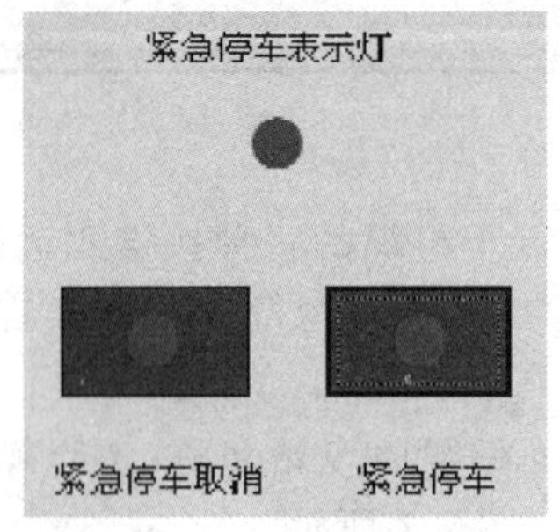

图 7-3 LCP 紧急停车操作图

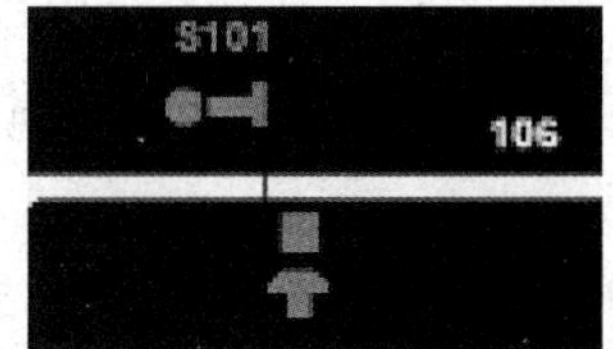

图 7-4 LOW 上相关显示

(3) 执行切除报警操作，按压相应的切除报警按钮，就可消除报警声音。

2. 放行时的操作步骤

(1) 在 LCP 盘上按压相应的取消紧急停车按钮。

(2) LCP 盘上相应的紧急停车指示灯灭，并发出电铃报警声音，同时在 LOW 上相应的站台区段的红色蘑菇消失，如图 7-5 所示。

图 7-5 LOW 上相关显示

(3) 此时应执行切除报警操作，按压相应的切除报警按钮，就可消除报警声音。

7.3　LCP对扣车的操作

当车站发生有人掉轨或轨道上有危及行车安全的异物等危机事件，在列车进站以前，可在LCP盘进行紧急停车操作，以防止事件的发生。紧急停车的有效范围为对应区段的站台区段和列车前进方向离去的第一区段。

1. 扣车操作的步骤

在LCP盘上按压相应的扣车按钮，如图7-6所示，在LCP盘上相应的扣车指示灯红灯闪烁，同时在LOW上发生B类报警，记录了对应的站台区段的扣车指示内容，并发出报警声音，此时应单击LOW基础窗口上音响按钮，消除报警声音。(提示：在列车进站以前，紧急停车命令对进入站内的列车均有效，在操作按钮前一定要确认上下行。)

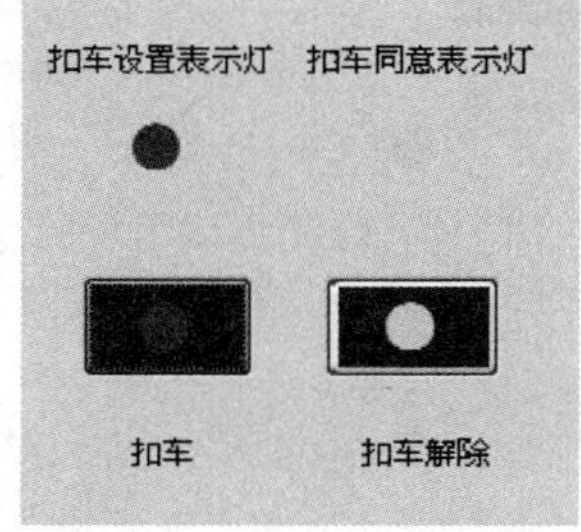

图7-6　LCP扣车操作图

取消紧急停车，原则上是"谁按谁取消"。在LCP盘上按压上行方向的取消紧急停车按钮，此时会发出电铃报警声，LCP上上行方向的紧急停车指示灯灭，同时在联锁控制台上上行站台区段红色蘑菇消失。

按压上行切断报警按钮，执行切除报警操作，清除报警音。

2. 解除扣车操作

对所扣的列车进行解除扣车，原则上执行"谁扣谁放"。当行调命令车站操作时，才由车站操作。此时值班站长(或值班员)在LCP盘上按压相应的"扣车解除"按钮，LCP盘上相应的扣车指示灯灭，然后按相应的扣车按钮(复位)，最后再按压相应的"终止扣车"按钮一次(复位)。

扣车前一定要确认上下行。

LCP盘上的黄灯灭(即运营停车点已经取消)后不能扣车，即"扣车"命令对此趟列车不起作用，但对下趟进站列车起作用。

原则上"谁扣谁放"。如由行调执行"扣车"命令后，可直接操作"终止扣车"命令，则对原扣停的列车，经行调授权后相关车站放行。

7.4 LCP 对灯光测试的操作

在 LCP 盘上按压相应的“灯光测试”按钮，此时 LCP 盘上相应的指示灯会进行闪烁，如果相应的灯光没有闪烁，说明灯光已经断丝或损坏，如图 7-7 所示。

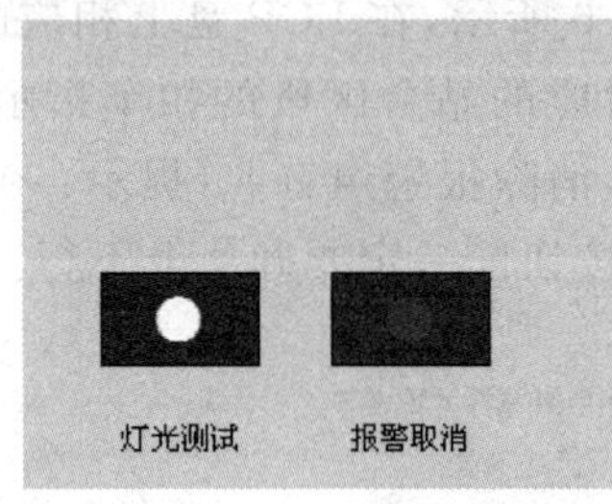

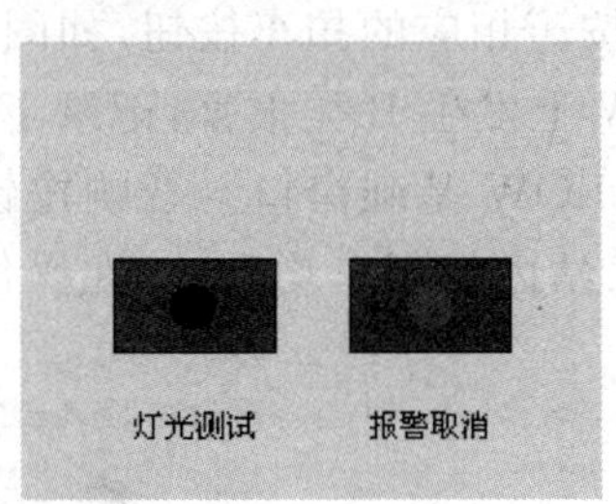

图 7-7 灯光测试示意图

第8章

TGI列车运行图编辑与监视

8.1 TGI

TGI 列车运行图编辑软件由菜单栏、时间窗口、计划主窗口、工具栏 4 部分组成，其位置始终是固定的，如图 8-1 所示。

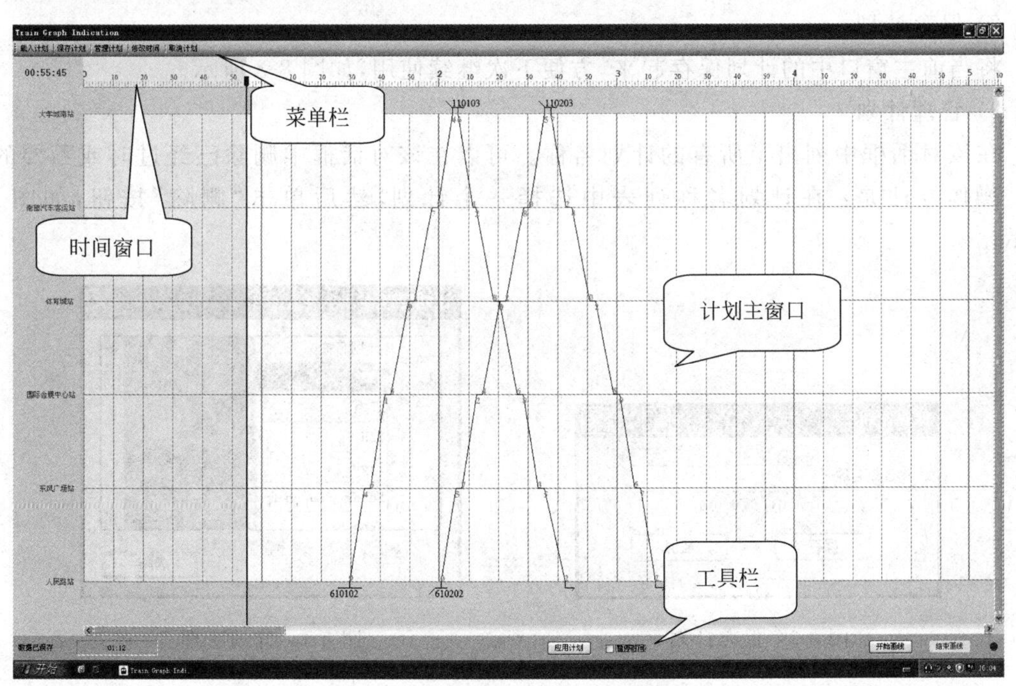

图 8-1 TGI 主界面

1. 菜单栏

菜单栏由 4 个基本菜单项组成，分别为：载入计划、保存计划、管理计划、修改时间。

1）载入计划

该菜单用于自动生成已经保存的计划。可以载入已经预置的节假日、工作日、周六/日运行等运行图，如图 8-2 所示。

图 8-2 载入计划

2）保存计划

将当前主窗口中的计划保存起来，方便下次继续使用，如图 8-3 所示。

3）管理计划

在该对话框中列出了所有的计划名称。可以在该对话框中删除已经过时或不要的计划。操作方法是：在计划名称列表中选择一个计划，然后单击“删除”按钮，如图 8-4 所示。

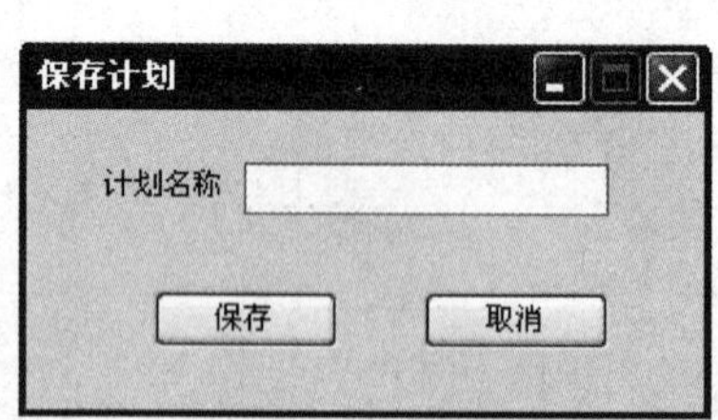

图 8-3 保存计划

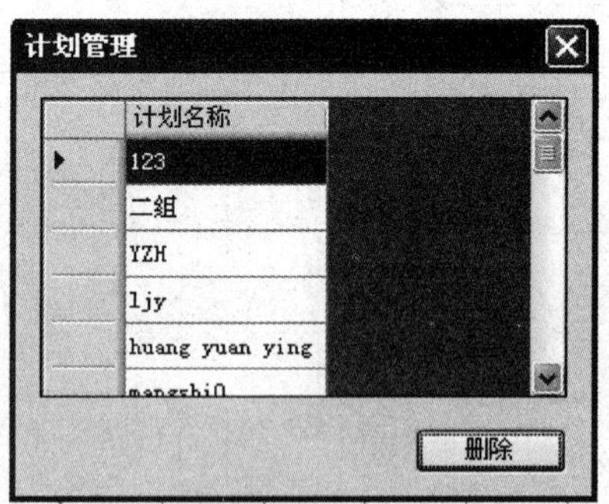

图 8-4 计划管理

4）修改时间

对系统当前的时间进行调整，如图 8-5 所示。

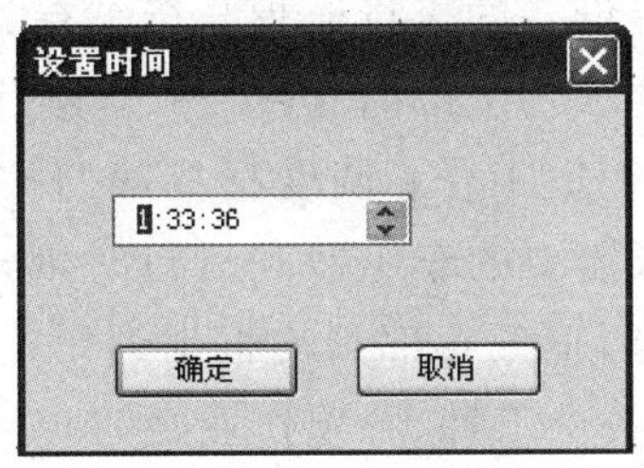

图 8-5　时间设置

2. 时间窗口

此窗口显示当前系统的运行时间，该时间为模拟时间，并不是操作系统的时间。该窗口处在显示器的左上角，菜单栏的下方，如图 8-6 所示。

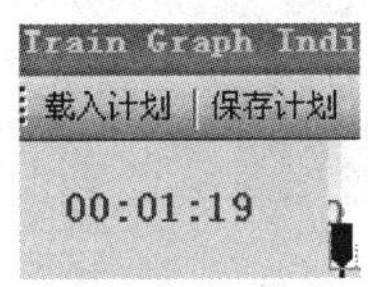

图 8-6　时间窗口

3. 计划主窗口

该窗口用于预览、绘制和调整计划线。横向坐标为时间线，纵线坐标为车站名称，从上往下绘制为下行线，反之为上行线。

4. 工具栏

工具栏中包含鼠标坐标预览框以及“应用计划”“开始划线”“结束划线”等按钮。

鼠标坐标预览框位于最左边，当光标在计划主窗口中位移时，该预览框能够实现地显示出光标当前位置的时间。

“应用计划”按钮可以将当前计划主窗口中的计划生效，系统将按照计划控制列车的运行。

单击“开始划线”按钮会弹出窗口要求输入列车车次号，然后用鼠标在计划主窗口中勾画出运行线路。

“结束划线”按钮是在前面勾画运行线路之后所做的最后一个操作。也可以在这个操作中取消前面所画的运行线，如图 8-7 所示。

图 8-7　结束划线

在城市轨道交通系统中，列车运行图是列车运行的综合计划，它规定了列车占用区间的次序，列车在每一个车站出发、达到或通过的时间，区间运行时分，车站停车时分。也就规定了线路、站场、车辆和通信信号等设备的运行流程与行车有关部门的工作。

城市轨道交通的列车运行要求各个部门、各工种、各项作业之间相互协调配合。车站按列车运行图安排接发列车、组织客运工作；调度指挥部门按列车运行图指挥列车运行；车辆部门根据列车运行图确定每天需要的车组数和运行时刻，制定车组的检修和乘务司机的值乘计划；供电、通信信号、机电、工务等部门均根据列车运行图的规定来安排运行生产施工计划和检修计划。各个部门、各个工种、各项作业之间相互配合、协调动作、时间准确地工作，使各次列车按规定的时刻运行。

因此，列车运行图是协调城市轨道交通系统各部门、单位按一定程序进行生产活动的工具，是城市轨道交通运输工作的综合计划、行车组织的基础。经济、合理的列车运行图既要考虑城市轨道交通系统能提供的运营设备能力，又要在符合各时期、各路段客流量规律的前提下，使运能与运量达到最佳的组合，既方便乘客出行，又使企业获得最佳经济效益。

8.2 用 TGI 生成计划

1. 绘制基本计划

选择“开始画线”按钮，打开“添加运行线”窗口。如画一条往下行方向的运行线，输入车次号：110101，选择列车类型为始发，单击“确定”按钮。

选择一个始发站，将光标移动到该车站的横线上，确定出站时间点，当光标出现红色横线时表示已经选择了该站，这时不要移动鼠标，然后单击，则在画布上会出现运行线的头部信息。

将光标移动到下一个车站的接车时间点上单击，将绘制上一个车站与当前车站的区间连接线。

重复第 3 步直至最后一个车站，单击“结束画线”按钮，在“结束画线”窗口中选择“确定画线”按钮，将确定本次绘线。如果选择“取消画线”，则会删除掉刚才对该线的绘制。

2. 载入基本计划

单击菜单栏上的“载入计划”按钮将打开“载入计划”对话框，可以载入基本计划，如图 8-8 所示。

基本计划是预置计划，一般情况下不可以进行修改，但是可以在载入之后进行人工调整。

默认预置 3 个基本计划，分别为：闲时、忙时、节假日。确定并选择了计划之后，单击“载入”按钮。计划将会自动在计划主窗口中绘制出来。

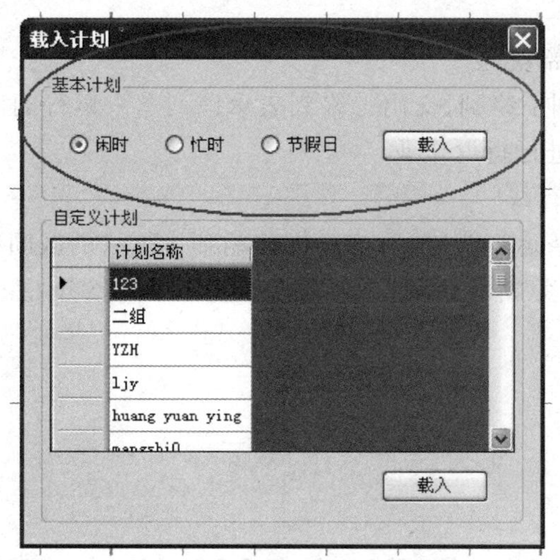

图 8-8　载入基本计划

3. 修改和调整运行线

对于绘制的运行线，可能需要修改和调整或者布置车站的停车时间，通过鼠标左键拖动或右键菜单可以实现修改计划线的功能。

1）设置车站停车

在绘制运行线时，默认是不在车站停车的，如果要设置，可以右击某一列车的运行线，在弹出的快捷菜单中选择"布置作业车站"或"通过变到开"命令。布置作业车站会弹出一个窗口用于修改途径车站和作业车站，在途经车站列表中的车站计划线将取消停站作业，而在作业车站列表中的计划线将自动设置停站时间，默认为 2 分钟；通过变到开是单独对某一个站(选择的车站)设置停站时间，执行之后系统会自动为其设置停站时间，默认为 2 分钟。

如果需要取消车站停车，同样可以右击时间线，在弹出的快捷菜单中选择"布置作业车站"或"到开变通过"命令。其操作与设置停车相反。

如果需要对默认停车时间(2 分钟)进行修改，可以用鼠标拖动时间线实现，操作方法为：先用鼠标选择整条计划线，再单击选择点(发车时间点)且不要松开鼠标，左右移动鼠标。向左移动为减少停车时间，向右为增加停车时间。拖动到合适的位置松开鼠标左键即可。

2）修改运行线的到站时间

修改列车的到站时间的操作方法为：单击需要修改的运行线，使整条计划线都处在选择状态。单击选择点(接车时间点)且不要松开鼠标，左右移动鼠标。向左移动为提前到达，向右移动为推迟到达。拖动到合适的位置松开鼠标即可。

3）修改列车车次号

用鼠标右键选择列车运行线，在弹出的快捷菜单中选择"列车属性"命令，执行后会打开"改变列车属性"窗口，在该窗口中可以修改列车车次号。

4）修改运行线的头部类型

列车头部类型有两种：始发、接入。始发是指列车为始发车，接入表示列车为折返之后的列车。

5）修改运行线的尾部类型

列车尾部类型有两种：终到、交出。终到表示该列车只运行到该站，并终止在车站站台区段。交出表示列车会进行折返作业。

6）移动整条列车运行线

用鼠标左键选择整条运行线，然后将光标移动到运行线的区间线段部分，任何一个区间线段都可以，等鼠标指针变成十字形后，按下鼠标左键不要松开，然后移动鼠标，运行线将会跟着光标移动。

8.3 自定义计划的载入及运行

在模拟实验中，车辆行车计划一般是事先定义的，在 TGI 主界面的菜单栏中单击“载入计划”按钮，在打开的“载入计划”对话框中选择对应的计划，再单击“载入”按钮，如图 8-9 所示，系统将会在计划主窗口中将计划线自动绘制出来。

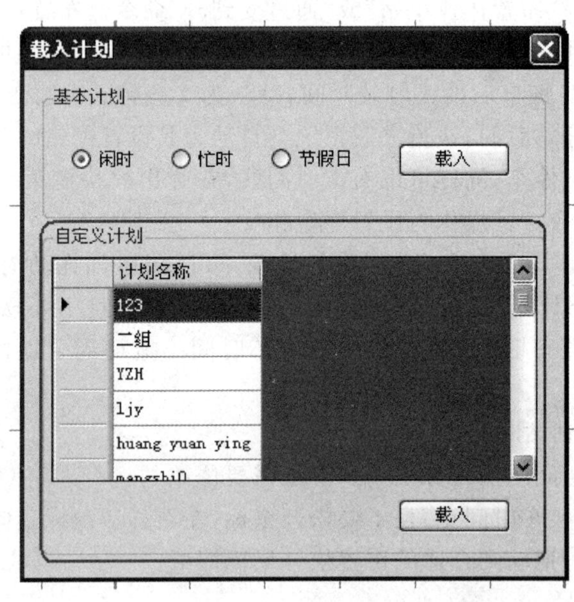

图 8-9　载入自定义计划

对于预置计划，一般情况下不可以进行修改，但是可以在载入之后进行人工调整。

默认预置 3 个基本计划，分别为：闲时、忙时、节假日。确定并选择了计划之后，单击“载入”按钮，计划将会自动在计划主窗口中绘制出来。

在手动绘制计划和应用计划之前都需要调整系统的模拟时间，只要在 TGI 上对时间进行调整，整个系统中的计算机时间都会按照调整的模拟时间进行，行车计划也按此时间进行。在模拟实验系统中时间的运转是加速的，速率为真实时间的 10 倍。即真实时间运行 1 分钟，模拟时间将运行 10 分钟，系统中 1 小时的计划，实际 6 分钟就能跑完。之所以要这样设计，目的是为了能够让培训系统更能接近真实系统运转的效果。

第9章 列车控制系统

Train Control System(列车控制系统,TCS)包括 8 辆车所对应的 8 个控制面板窗口、工具栏、信息显示栏。与无线控制器相连接,保证了向机车发送的所有命令信息成功发送,同时也可以接收 ATC 的自动控制命令和操作人员的手动控制命令,自动设置和手动设置列车车次号,提供了手动控制列车运行的功能。

9.1 TCS 的组成

TCS 软件工作界面由三部分组成,分别为控制面板窗口、工具栏、信息显示栏,每一个窗口的排列是固定的,如图 9-1 所示。

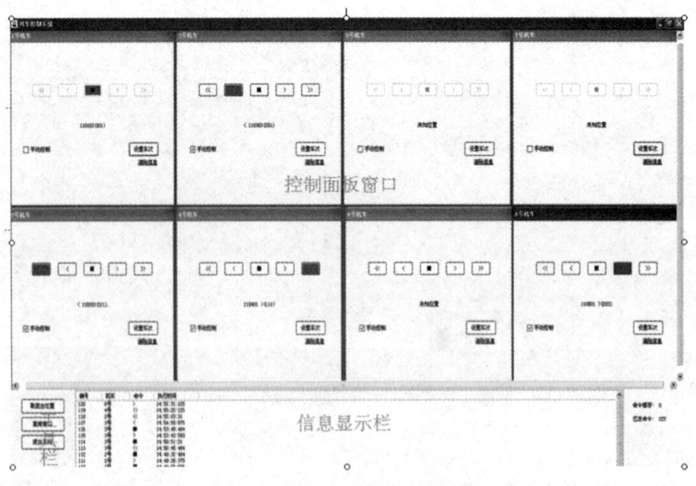

图 9-1　TCS 主界面

1. 控制面板窗口

每一辆车对应有一个控制面板，如果是 8 辆车，则设置 8 个控制面板，每一个控制面板上设置的操作按钮都相同。分别有如下按钮：

系统默认按照列车编号从低到高排列，每一个面板的标题栏上有该列车的编号信息，如“1 号机车”界面如图 9-2 所示。

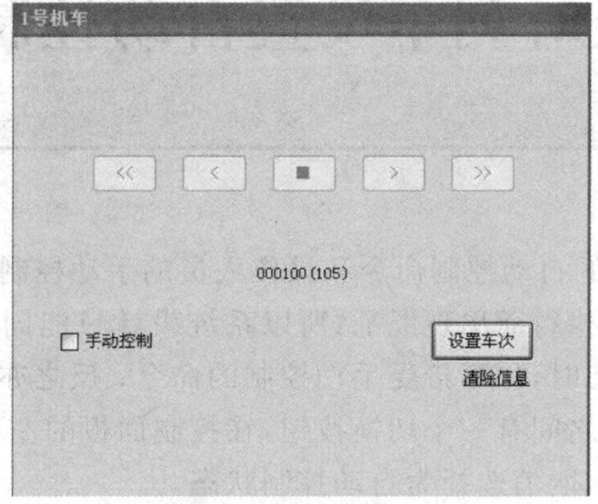

图 9-2 列车编号界面

2. 工具栏

工具栏有 3 个按钮，分别为：

1）取退出位置

这是自动设置车次号的一个功能，单击该按钮，系统会将上一次系统退出时列车所处的位置以及车次号重新进行设置。

2）重排窗口

重新排列控制面板窗口中的窗口，使所有的窗口并排排列。

3）退出系统

退出（关闭）TCS 系统。

3. 信息显示栏

信息显示栏记录了向机车发送的所有命令信息，如图 9-3 所示。

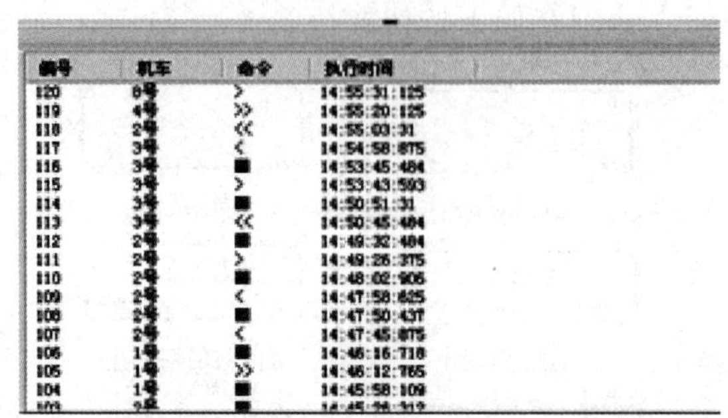

编号	机车	命令	执行时间
120	6号	>	14:55:31:125
119	4号	>>	14:55:20:125
118	2号	<<	14:55:03:31
117	3号	<	14:54:58:875
116	3号	■	14:53:45:484
115	3号	>	14:53:43:593
114	3号	■	14:50:51:31
113	3号	<<	14:50:45:484
112	2号	■	14:49:32:484
111	2号	>	14:49:26:375
110	2号	■	14:48:02:906
109	2号	<	14:47:58:625
108	2号	■	14:47:50:437
107	2号	<	14:47:45:875
106	1号	■	14:46:16:718
105	1号	>>	14:46:12:765
104	1号	■	14:45:58:109

图 9-3　信息显示栏界面

9.2　TCS 上对列车设置自动控制和手动控制

TCS 可以接收 ATC 的自动控制命令和操作人员的手动控制命令。为了防止自动控制命令和手动控制命令同时执行而出现混乱，所以系统设计只能同时执行一个方向的控制命令，即在处于自动控制状态时，将不接受手动控制的命令；反之亦然。

自动控制和手动控制之间有一个切换按钮，在控制面板的左下角有一个选择框"手动控制"，勾选为手动控制状态，取消选择为自动控制状态。

注意，如果系统当前设置了自排或追踪功能，建议不要切换到手动控制状态，因为这样可能导致列车不响应 ATC 的控制命令。另外，如果选择了手动控制，请时刻关注列车的运行状态，避免出现越过信号机或撞车灯事故。

9.3　TCS 上设置列车车次号

TCS 上设置车次号有两种方式：自动设置和手动设置。手动设置是指单独对某一辆车手动输入车次号。

在控制面板的右下角有一个按钮“设置车次”，执行后会打开车次号设置窗口，在窗口中有车次号输入框和区段列表，输入正确的车次号，并在区段列表中选中该车目前实际所压的轨道区段编号，单击“确定”按钮，如图 9-4 所示。

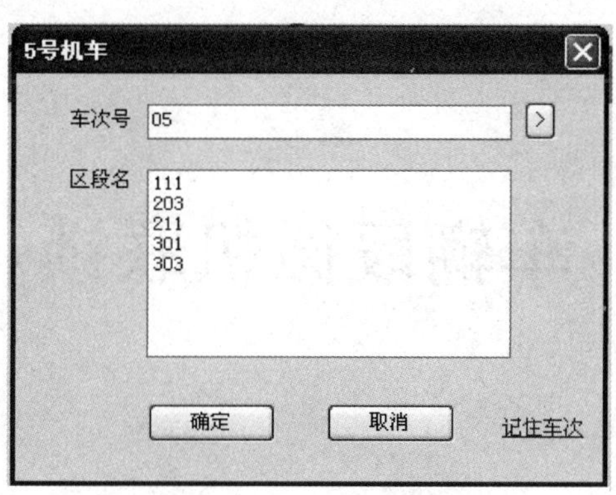

图 9-4　车次号设置窗口

注意车次号的设置不能随意填写，必须严格按照车次号编号规则进行输入，如果是按照运行图行车，输入的车次号必须与运行计划相吻合。

如果当前列车处在车辆段，就不一定设置 6 位的车次号，只需要将服务号设置好即可，服务号为两位数字，与列车编号相同。如 1 号车服务号为“01”。

第10章

车辆段微机联锁

10.1 车辆段微机联锁系统

屏幕显示按站场图形布置，平时显示的灰色光带为基本的轨道图形。在屏幕短竖线表示的灰色绝缘为区段绝缘(普通绝缘)。图 10-1 所示为车辆段微机联锁系统界面。

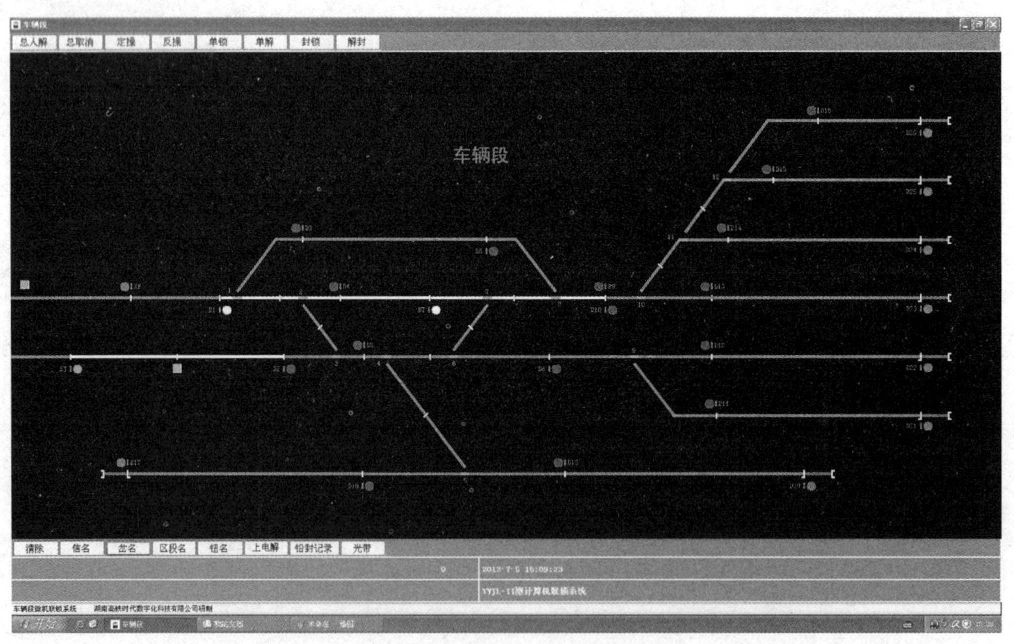

图 10-1 车辆段微机联锁系统主界面

屏幕图形显示各种颜色所代表的含义如下：

1．轨道区段各色光带的含义。

轨道区段各色光带(见图 10-2)的含义为：

灰色光带——基本图形；红色光带——轨道区段有车占用；

绿色光带——区段出清后尚未解锁；白色光带——进路在锁闭状态；

蓝色光带——进路初选状态；青色光带——接通光带。

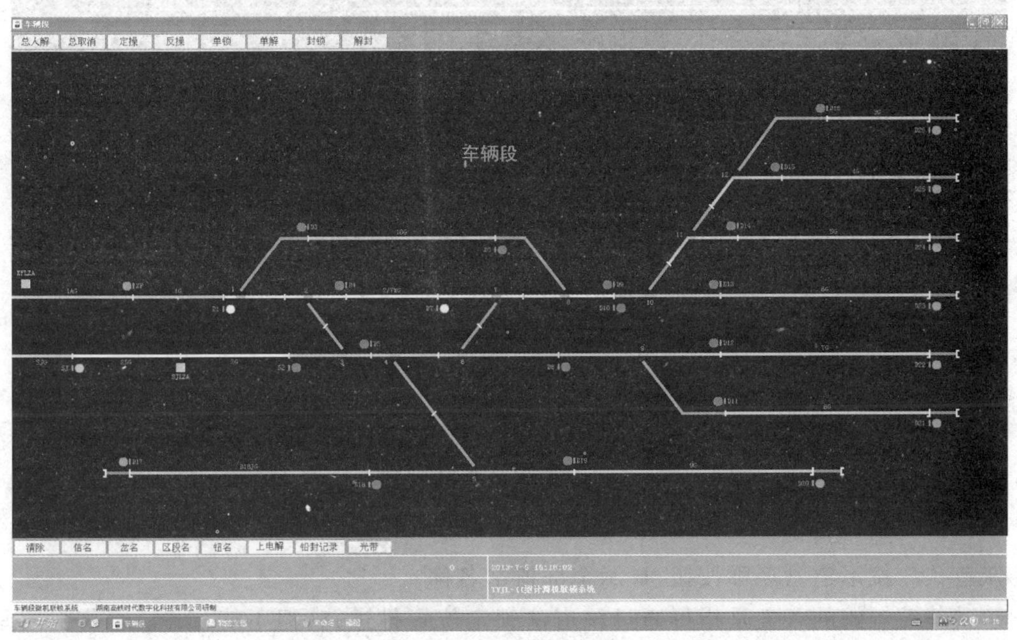

图 10-2　轨道光带

2．列车信号含义

列车信号(见图 10-3)的含义为：

红色——信号关闭；绿色——信号开放。

3．调车信号

调车信号(见图 10-3)为：

蓝色——调车信号机关闭；白色——调车信号机开放。

白色外框(方形)——表明信号处于封闭状态,按钮失效。

信号名称显示含义：

绿色闪光——办理列车作业,始端或终端按钮按下,进路尚未排通；

黄色闪光——办理调车作业,始端或终端按钮按下,进路尚未排通。

4．道岔

道岔岔尖处用缺口表示位置,无缺口的一侧表示道岔开通位置。在显示器上,道岔岔心处的短绿色光带表示定位,短黄色光带表示反位,如图 10-4 所示。

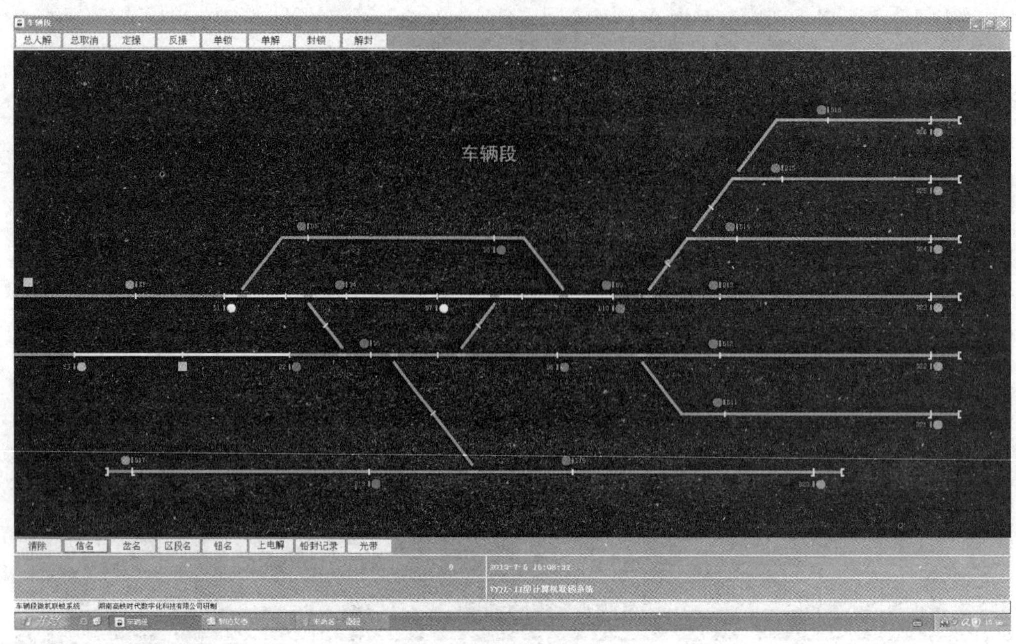

图 10-3　列车信号

道岔名称有以下含义：

红色——道岔单独锁闭；

白色——道岔封锁；

灰色——按下道岔名称按钮，显示全部道岔名称。

道岔单独锁闭的含义是指可通过该道岔锁定位置排进路，但不能操作；道岔封闭是指不能通过该道岔排进路，但道岔可以单独操作。道岔封闭是专为电务人员维修道岔而设的。

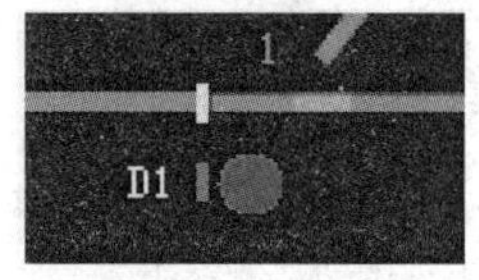

图 10-4　道岔岔尖

10.2　按钮设置

采用鼠标控制的站场，利用单击鼠标左键来实现在屏幕上使用“按钮”的功能，屏幕上设置的按钮有通用按钮及其他按钮。除信号和道岔按钮外其他按钮平时都隐含在屏幕内，在屏幕空白处单击，屏幕上将出现功能按钮，在屏幕空白处再次单击可取消这些按钮。

1. 信号按钮

用股道旁的列车信号机作列车按钮，用调车信号机作调车按钮。列车按钮用鼠标右键，调车按钮用左键。另外，列车终端按钮为绿色方块。

2. 功能按钮

包括“总取消”“总人解”“定操”“反操”“单锁”“单解”“封锁”“解封”等按钮。办理时，先按功能按钮，屏幕上出现该功能的提示，只能有效一次，凡是按压带口令的按钮时，屏幕均有计数器记录使用次数。

3. 道岔按钮

屏幕上道岔岔尖处为道岔按钮，双动道岔两端均为道岔按钮，点压任意一个均可。

4. 上电解锁按钮(上电解)

开机或人工切换时，出现全场锁闭，只有此时才可以点压，“上电解”按钮解锁，其他任何时候均不可以按压此按钮。用鼠标的站场，屏幕上平时无显示，办理时，按压鼠标左键，屏幕上显示“上电解”按钮，点压此按钮前，必须确认全场车列已停止运行，否则将可能造成迎面解锁。点压上电解锁按钮必须按照屏幕提示输入口令。

5. 信号名称按钮(信名)

全场设一个，点压后屏幕上出现所有信号机名称，再点压一次显示消失。

6. 道岔名称按钮(岔名)

全场设一个，点压后屏幕上出现所有道岔名称及道岔所在位置，绿色短光带表示道岔处于定位，黄色短光带表示道岔处于反位，再点压一次显示消失。

7. 接通光带按钮(光带)

全场设一个，点压后屏幕上沿着道岔开通位置用青色光带显示，再点压一次消失。

8. 清除按钮

全场设一个，点压后可清除屏幕上提示窗口内不需要的汉字提示。对于任何已点压但尚未执行的按钮，可通过点压该按钮取消操作。

9. 铅封记录按钮

全场设一个，点压之后会打开一个窗口，窗口中记录了需要输入口令的命令操作的次数。

10.3 进路的办理与操作

进路操作基本方法如下：

点压始端→终端→开通基本进路。

点压始端→变更(或多个变更)→终端→开通变更进路。

1. 列车进路操作

先点压始端信号按钮，例如 D1 信号，相应的 D1 信号名称黄色闪光，并在屏幕下端提示：“始端—X205”。再点压终端信号按钮，例如点压 D1 信号，相应的 D1 信号名称绿闪，屏幕下端提示变为：“始端—D1—终端—S1”。若满足选路条件，则开始动岔、锁闭进路、开放信号。若选路条件不满足，则在提示下面输出不满足的原因，如：“ ******* 道岔被封锁”“ ******* 设备被征用”，如图 10-5 所示。

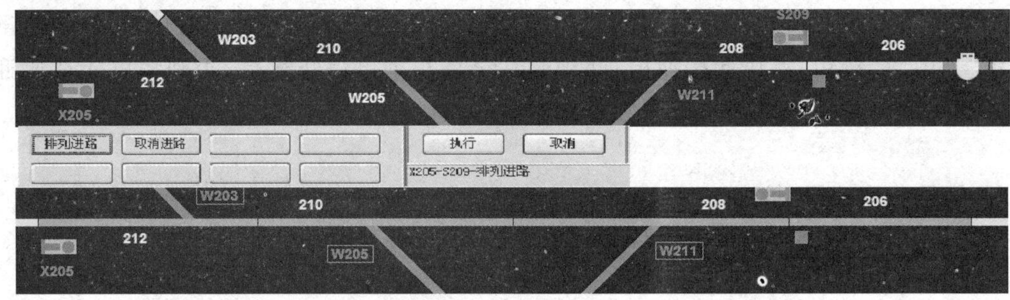

图 10-5 进路操作

2. 调车进路

调车进路同样点压始端、(变更)、终端按钮办理。

调车进路的办理方法和显示与列车进路相同。

3. 对原铅封按钮的相应办理

为办理慎重起见，相对于原铅封按钮点压后，屏幕将提示输入口令，输入口令后操作才被执行，微机系统自动记录，并且在屏幕提示栏有记录显示。

以总人解 X 进路为例：先点压“总人解”按钮，此时屏幕上命令提示“请输入口令－1 2 3－”，据此依次点压数字 1、2、3，然后单击“执行”按钮，此时操作被执行，如图 10-6 所示。

4. 变更进路操作

误办的进路，需要变更时，需点压“总取消”或“总人解”按钮和“始端”按钮取消进路；当

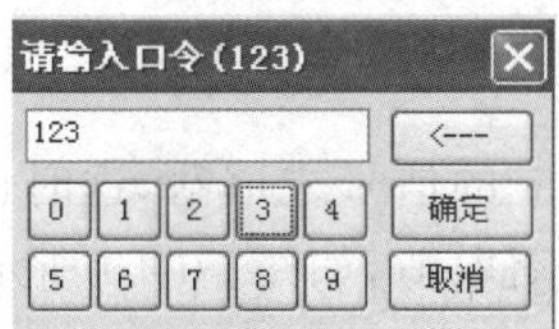

图 10-6 口令输入界面

接近区段有车占用时,必须点压“总人解”按钮和进路始端按钮,延时 30 秒或 3 分钟后解锁,如图 10-7 所示。

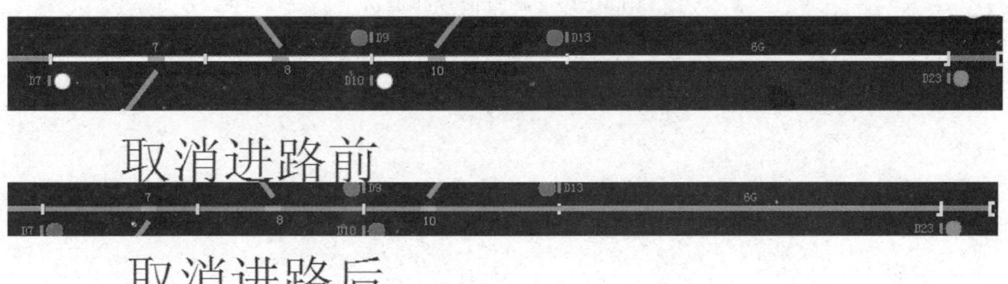

图 10-7 误办进路取消

5. 单独操纵和单独锁闭道岔

道岔区段在锁闭状态时,允许办理单独操纵道岔。同时单击“定操”(反操)按钮和“道岔”按钮。

单击“单锁”按钮和“道岔”按钮,显示红色道岔号。单击“单解”和“道岔”按钮,道岔解锁,如图 10-8 所示。

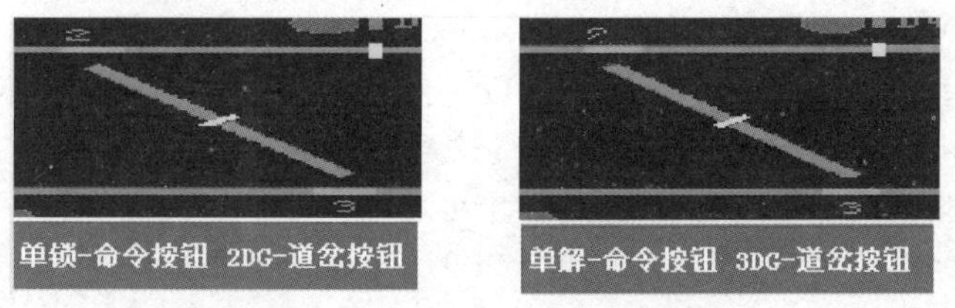

图 10-8 单独操纵和单独锁闭图

6. 封锁信号和封锁道岔

先单击“封锁”按钮,再单击对应的信号或道岔,这时信号机外套上出现白色方框,道岔编号显示白色,表明信号机按钮已不能再进行操作,道岔也不能再排路,如图 10-9 所示。

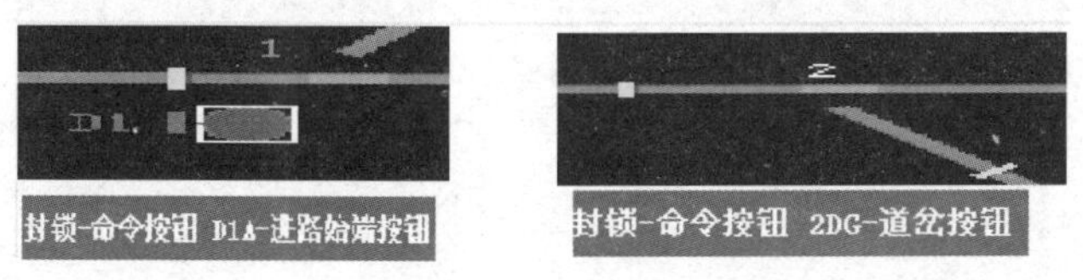

图 10-9 封锁信号和封锁道岔

7. 解封信号和道岔

先单击“解封”按钮，再单击对应的信号或道岔，这时信号机外的白色方框消失或白色道岔名消失，表明该信号或道岔的封闭取消，如图 10-10 所示。

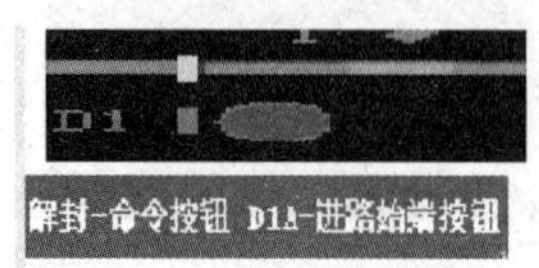

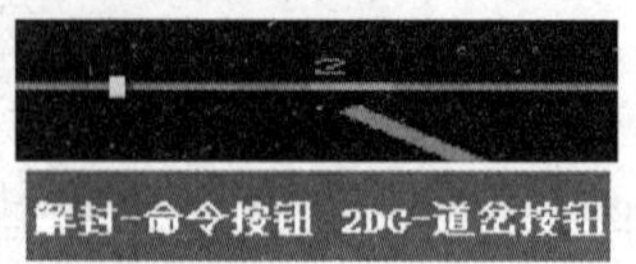

图 10-10 解封信号和道岔

第11章

车站值班员角色

11.1 扣车与紧急停车

1. 扣车

在 LCP 工作台上单击相应的“扣车”按钮，对应的扣车指示灯红灯闪烁，同时在 LOW 工作台上发生 B 类报警，记录了对应的站台区段的扣车提示内容，并发出报警声音。如果要解除报警声音，则单击 LOW 基础窗口上音响按钮即可，如图 11-1 所示。

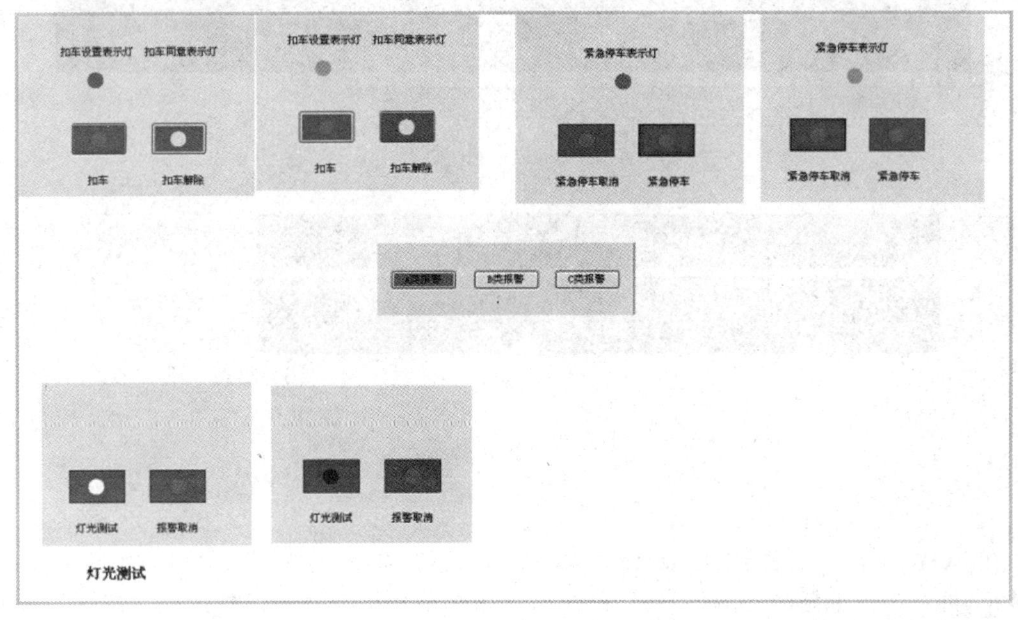

图 11-1　扣车和紧急停车截图

2. 紧急停车

在 LCP 工作台上单击相应的“紧急停车”按钮，相应的紧急停车指示灯亮红灯，并发出电铃报警声音，同时在 LOW 工作台上相应的站台区段出现红色蘑菇闪烁，以提示有紧急事件发生。要想解除报警操作，则单击相应的切除报警按钮，就可消除报警声音。

11.2 手动办理和取消进路操作

1. 正常情况下办理和取消进路操作

1）手动办理进路

在 LOW 工作台端要排列一条基本进路，只要单击 LOW 主窗口上要排列进路的始端信号机，再右击要排列进路的终端信号机，此时所选始端信号机和终端信号机都会被打上灰色底色，然后在对话框中的命令显示栏(在 LOW 的左下角)单击“排列进路”命令，最后单击对话框中的“执行”按钮即可，如图 11-2 所示。

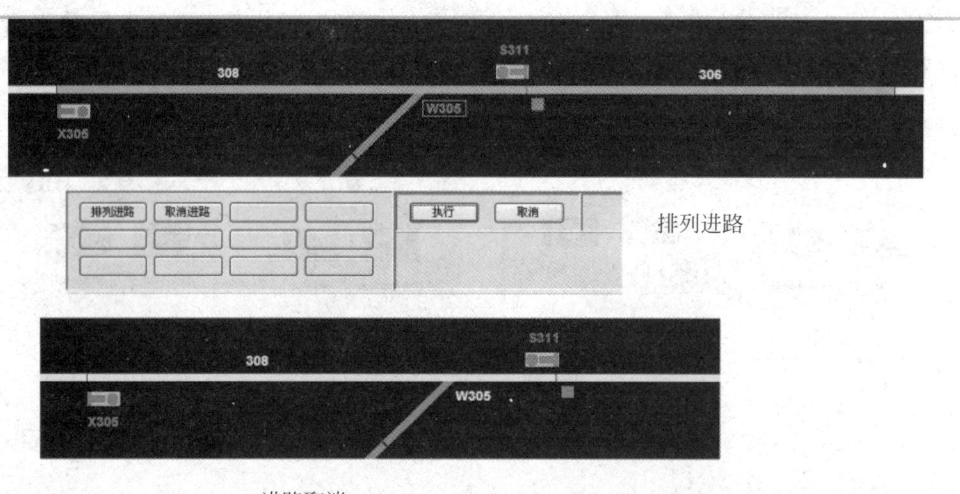

图 11-2 排列进路和取消进路截图

2）手动取消进路

在 LOW 工作台上要取消一条已排好的进路，只要单击 LOW 主窗口上该进路的始端信号机，再右击该进路的终端信号机，此时所选始端信号机和终端信号机都会被打上灰色底色，然后在对话框中的命令显示栏(在 LOW 的左下角)单击“取消进路”命令，最后单击对话框中的“执行”按钮即可。

2. 非正常情况(故障)手动办理进路操作

1) 设置故障

只有在C-LOW工作台上才能设置故障,其设置故障的方法为:先按住键盘上的Ctrl键不松手,然后右击道岔区段,在弹出的快捷菜单中选择需要设置的故障。

2) 恢复故障

如果需要恢复故障,即取消故障,则在键盘上按住Ctrl键,右击道岔区段,在弹出的快捷菜单中选择"岔区消限"或"挤岔恢复"即可。

道岔逻辑故障的恢复除了通过右键菜单恢复之外还可以在LOW上执行"道岔逻空"实现。将故障恢复后,可按正常方式设置进路。

11.3　车站值班员与OCC控制中心控制权转换操作

(1) 向OCC交出控制权(只有在LOW上执行了"交出控制"操作,控制中心(ATS)才可以执行"接收控制",从而取得控制权)。

(2) 从OCC接收控制权(只有在接收控制权以后,在LOW上的操作才有效)。

(3) 车站强行从OCC取得控制权(C-LOW没有),单击相应的按钮即可,如图11-3所示。

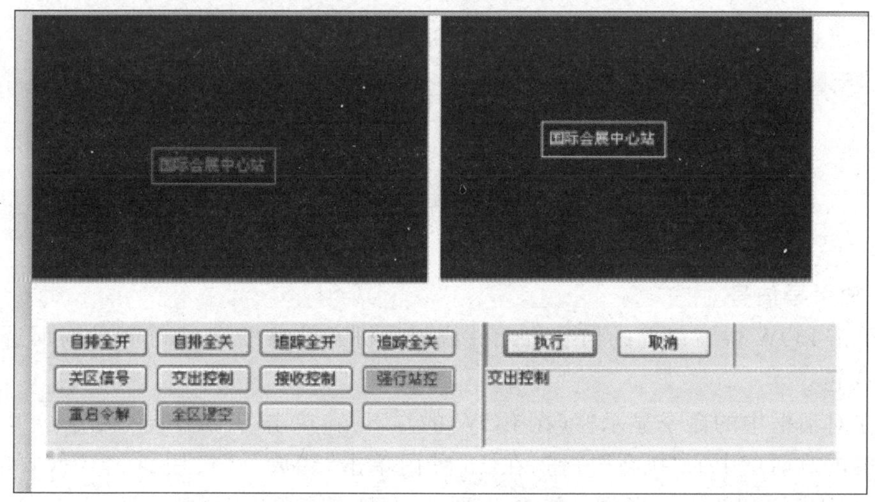

图11-3　向OCC交出控制权

11.4 对信号灯单独操作

1. 开放和关闭信号

(1) 单击 LOW 主窗口上的信号机元件或信号机元件编号,如 X305,此时所选元件被打上淡蓝色底色。

(2) 在对话框中的命令显示栏(在 LOW 的左下角)单击“开放信号”命令,最后单击对话框中的“执行”按钮即可开放信号机。

(3) 如果要设置信号机为关闭状态,则在对话框中的命令显示栏(在 LOW 的左下角)单击“关单信号”命令,再单击对话框中的“执行”按钮即可,如图 11-4 所示。

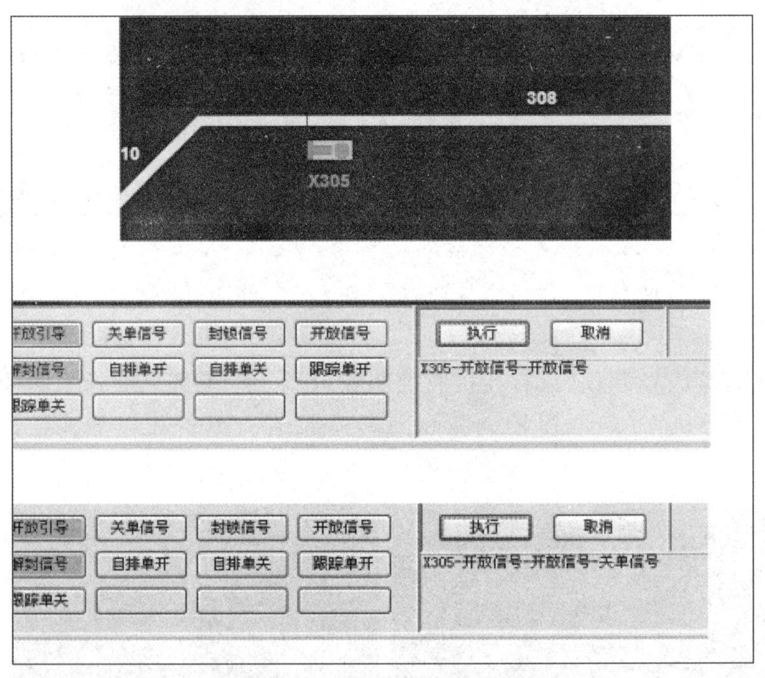

图 11-4　开放和关闭信号

2. 开放引导信号

(1) 单击 LOW 主窗口上的信号机元件或信号机元件编号,如 X501,此时所选元件被打上淡蓝色底色。

(2) 在对话框中的命令显示栏(在 LOW 的左下角)单击“开放引导”命令。

(3) 单击对话框中的“执行”按钮,在 15 秒内单击“释放一”按钮,在 10 秒内单击“释放二”按钮,否则安全相关命令操作会被自动取消,而且在未单击“释放二”之前,可以通过单击“取消”按钮来取消安全相关命令操作,如图 11-5 所示。

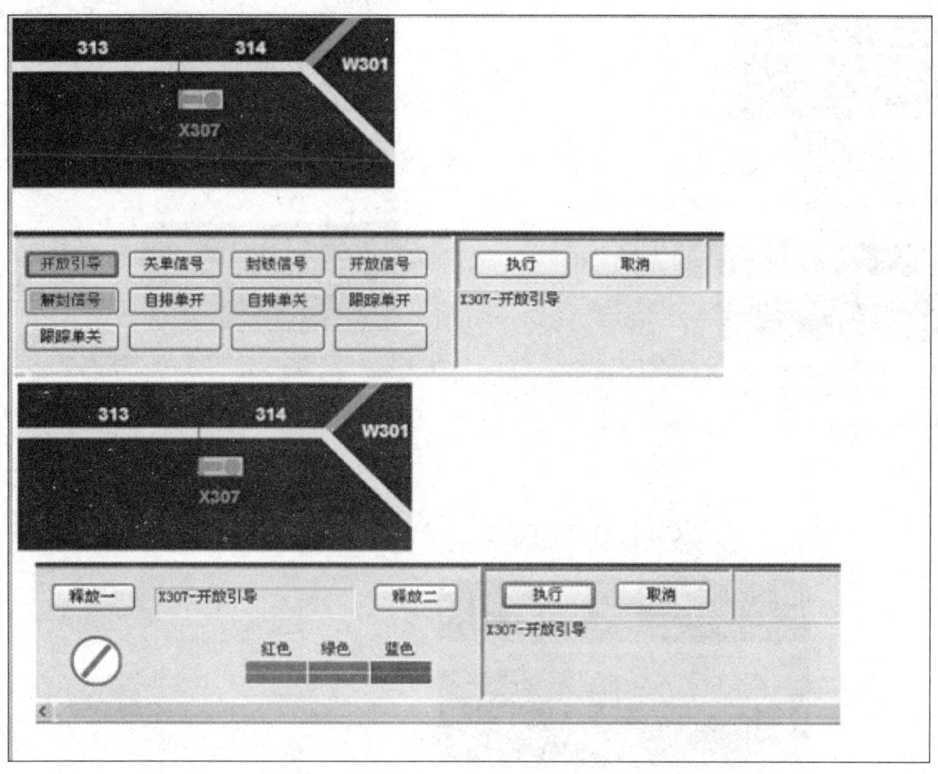

图 11-5　开放引导信号

3. 封锁和解封信号机

(1) 单击 LOW 主窗口上的信号机元件或信号机元件编号，如 X501，此时所选元件被打上淡蓝色底色。

(2) 在对话框中的命令显示栏（在 LOW 的左下角）单击“封锁信号”命令，再单击对话框中的“执行”按钮即可封锁信号机。

(3) 如果要取消对关闭状态下的信号机的封锁，则在对话框中的命令显示栏（在 LOW 的左下角）单击“解封信号”命令，并单击对话框中的“执行”按钮，在 15 秒内单击“释放一”按钮，在 10 秒内单击“释放二”按钮，否则安全相关命令操作会被自动取消，而且在未单击“释放二”之前，可以通过单击“取消”按钮来取消安全相关命令操作，如图 11-6 所示。

4. 自排单开和自排单关

(1) 单击 LOW 主窗口上的信号机元件或信号机元件编号，如 X501，此时所选元件被打上淡蓝色底色。

(2) 在对话框中的命令显示栏（在 LOW 的左下角）单击“自排单开”命令，再单击对话框中的“执行”按钮即可设置单架信号机处于自动排列进路状态。

(3) 如果要设置单架信号机处于人工排列进路状态，则在对话框中的命令显示栏（在 LOW 的左下角）单击“自排单关”命令，并单击对话框中的“执行”按钮即可，如图 11-7 所示。

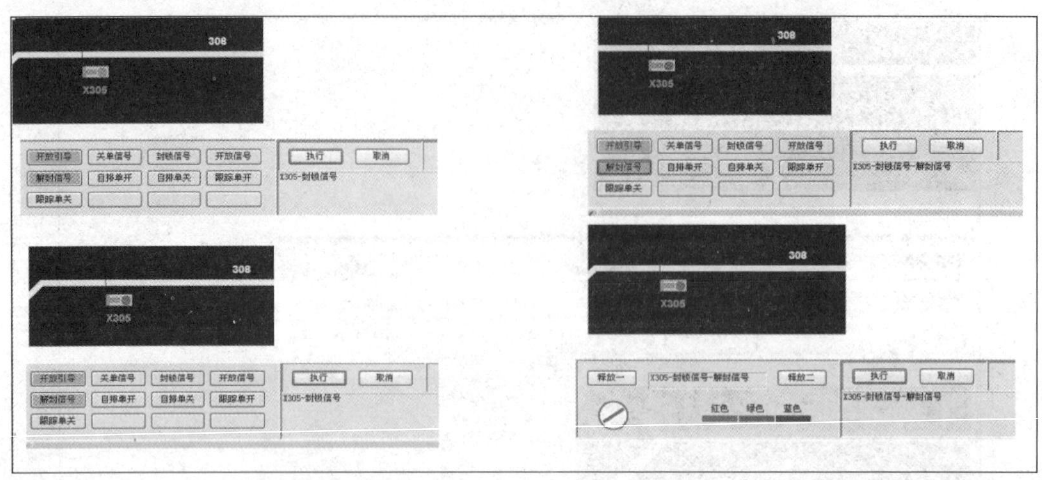

图 11-6　封锁和解封信号机

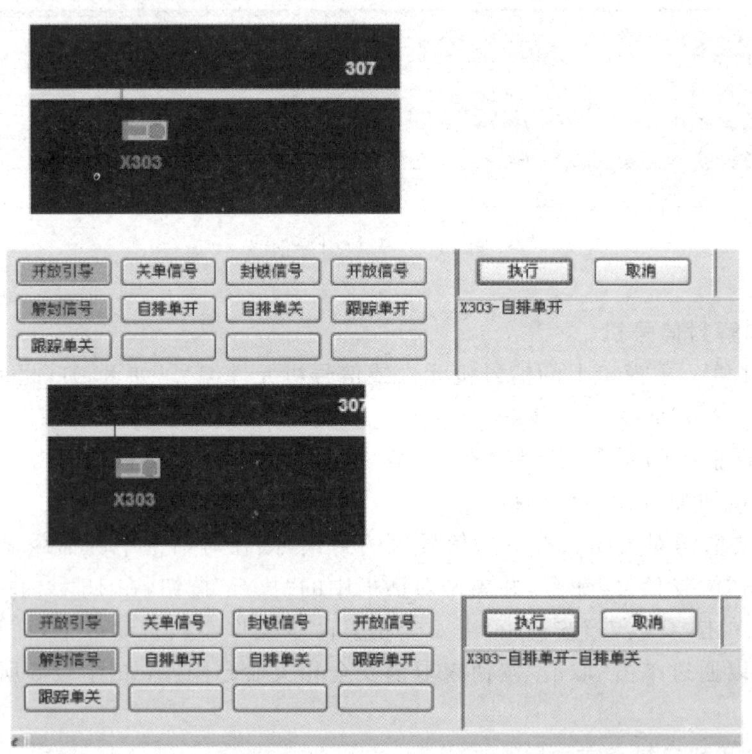

图 11-7　自排单开和自排单关

5. 跟踪单开和跟踪单关

(1) 单击 LOW 主窗口上的信号机元件或信号机元件编号，如 X501，此时所选元件被打上淡蓝色底色。

(2) 在对话框中的命令显示栏(在 LOW 的左下角)单击“跟踪单开”命令，再单击对话框中的“执行”按钮即可使单架信号机由联锁自动排列进路。

(3) 如果要使单架信号机取消由联锁自动排列进路，则在对话框中的命令显示栏(在LOW的左下角)单击“跟踪单关”命令，并单击对话框中的“执行”按钮即可，如图11-8所示。

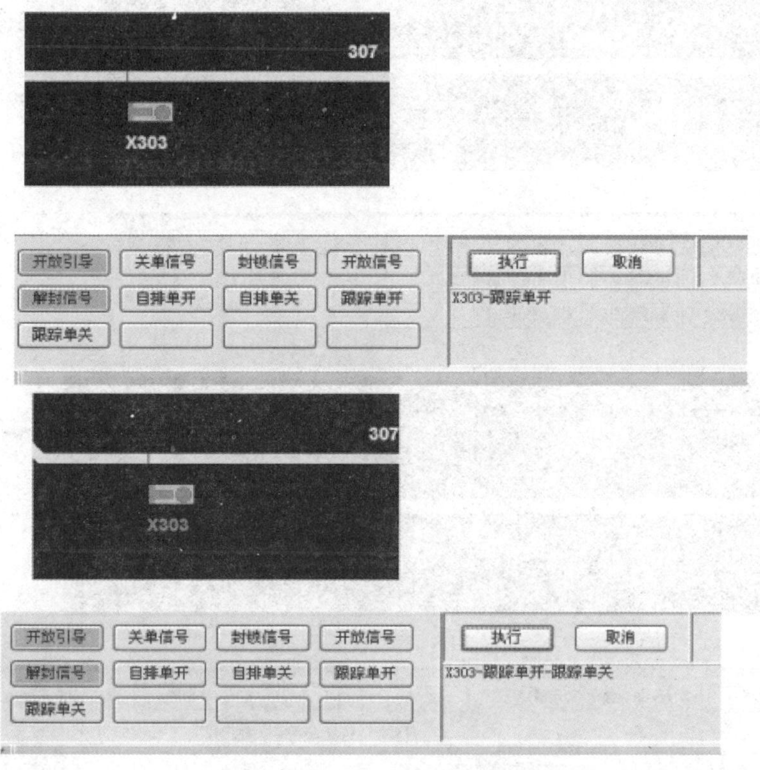

图11-8　跟踪单开和跟踪单关

11.5　对道岔单独操作

1. 锁定和解锁道岔

(1) 单击LOW主窗口上的道岔元件或道岔元件编号，如W303，此时所选元件被打上灰色底色。

(2) 在对话框中的命令显示栏(在LOW的左下角)单击“单独锁定”命令，再单击对话框中的“执行”按钮即可锁定单个道岔，阻止转换。

(3) 如果要取消对单个道岔的锁定，道岔可以转换，则在对话框中的命令显示栏(在LOW的左下角)单击“取消锁定”命令，并单击对话框中的“执行”按钮，在15秒内单击“释放一”按钮，在10秒内单击“释放二”按钮，否则安全相关命令操作会被自动取消，而且在未单击“释放二”之前,可以通过单击“取消”按钮来取消安全相关命令操作,如图 11-9 所示。

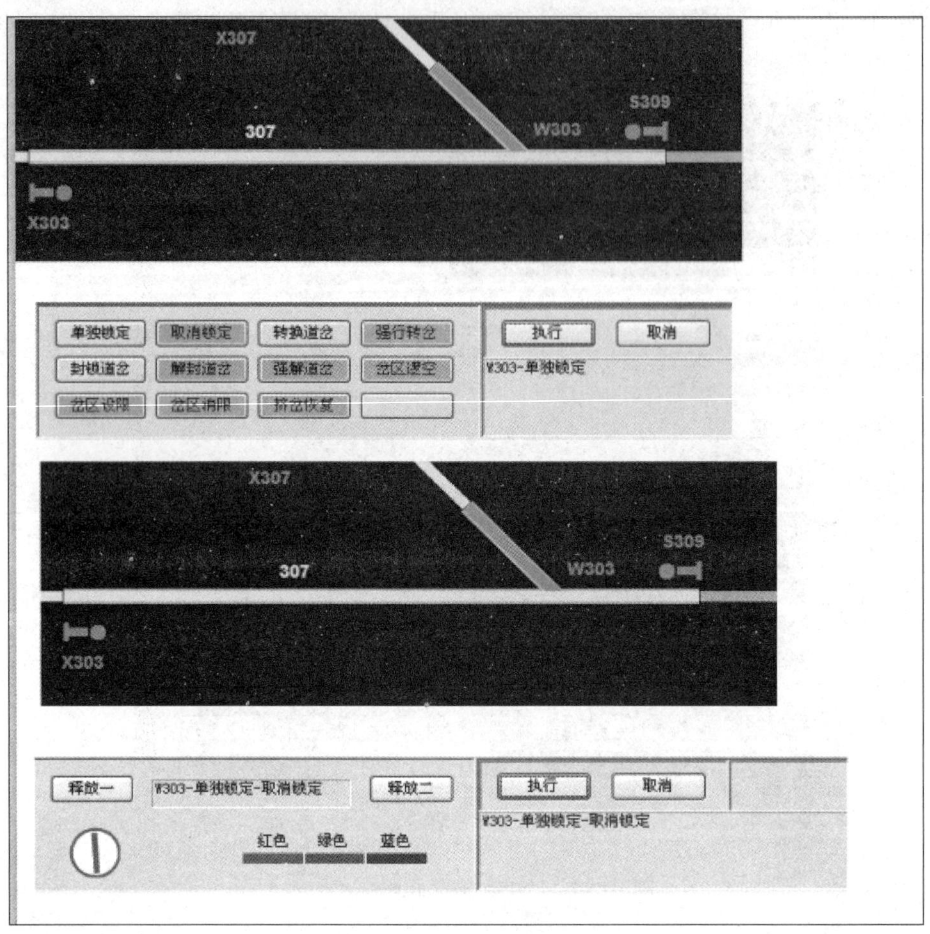

图 11-9 锁定和解锁道岔

2. 封锁和解封道岔

(1) 单击 LOW 主窗口上的道岔元件或道岔元件编号,如 W303,此时所选元件被打上灰色底色。

(2) 在对话框中的命令显示栏(在 LOW 的左下角)单击“封锁道岔”命令,再单击对话框中的“执行”按钮即可禁止通过道岔排列进路。

(3) 如果允许通过道岔排列进路,则在对话框中的命令显示栏(在 LOW 的左下角)单击“解封道岔”命令,并单击对话框中的“执行”按钮,在 15 秒内单击“释放一”按钮,在 10 秒内单击“释放二”按钮,否则安全相关命令操作会被自动取消,而且在未单击“释放二”之前,可以通过单击“取消”按钮来取消安全相关命令操作,如图 11-10 所示。

3. 强行转岔

(1) 单击 LOW 主窗口上的道岔元件或道岔元件编号,如 W303,此时所选元件被打上灰色底色。

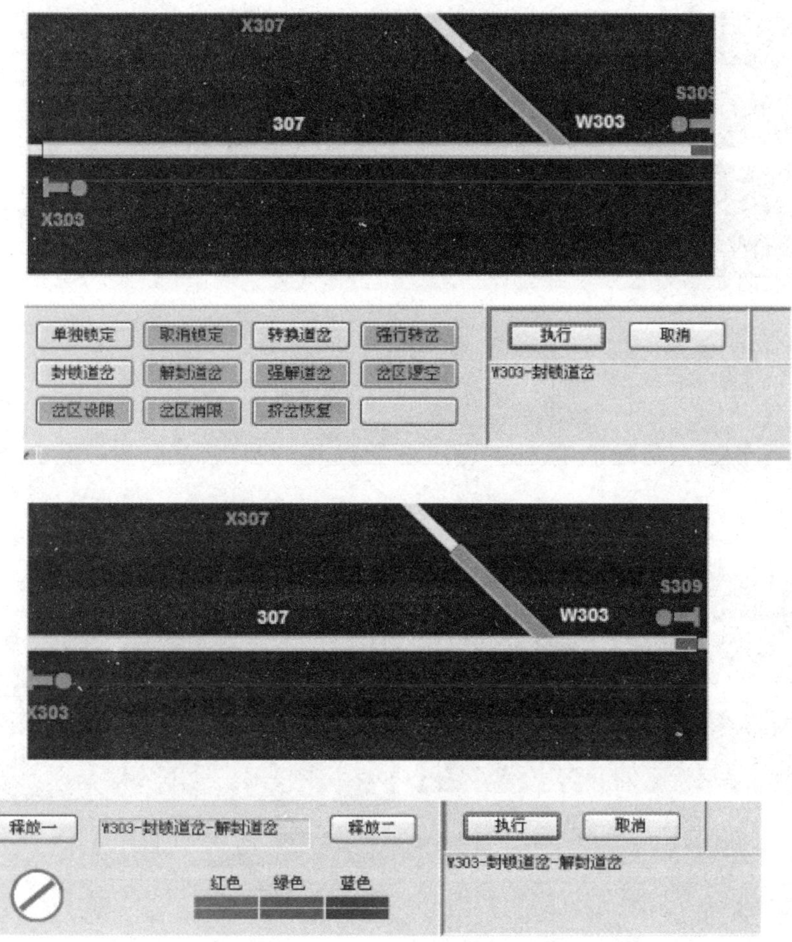

图 11-10　封锁和解封道岔

(2) 在对话框中的命令显示栏(在 LOW 的左下角)单击"强行转岔"命令,再单击对话框中的"执行"按钮,在 15 秒内单击"释放一"按钮,在 10 秒内单击"释放二"按钮,否则安全相关命令操作会被自动取消,而且在未单击"释放二"之前,可以通过单击"取消"按钮来取消安全相关命令操作。在这里道岔有两种状态:定位和反位,如果当前在定位,执行转岔,那么道岔就会变成反位,如图 11-11 所示。

4. 转换道岔

(1) 单击 LOW 主窗口上的道岔元件或道岔元件编号,如 W303,此时所选元件被打上灰色底色。

(2) 在对话框中的命令显示栏(在 LOW 的左下角)单击"转换道岔"命令,再单击对话框中的"执行"按钮即可,如图 11-12 所示。

5. 强解道岔

(1) 单击 LOW 主窗口上的道岔元件或道岔元件编号,如 W303,此时所选元件被打上

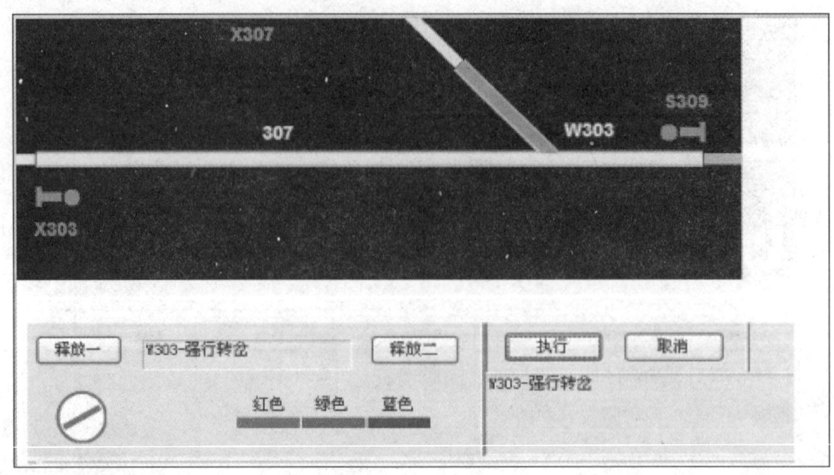

图 11-11 强行转岔

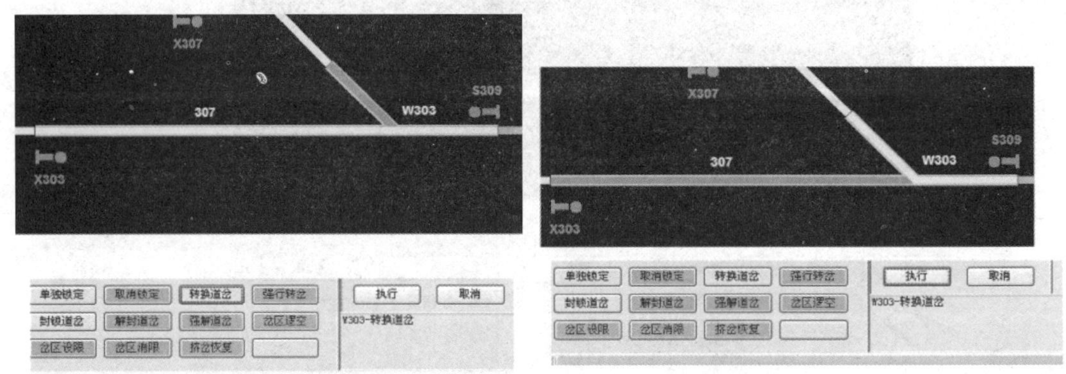

图 11-12 转换道岔

灰色底色。

(2) 在对话框中的命令显示栏(在 LOW 的左下角)单击“强解道岔”命令,再单击对话框中的“执行”按钮,在 15 秒内单击“释放一”按钮,在 10 秒内单击“释放二”按钮,否则安全相关命令操作会被自动取消,而且在未单击“释放二”之前,可以通过单击“取消”按钮来取消安全相关命令操作,如图 11-13 所示。

6. 岔区逻空

(1) 单击 LOW 主窗口上的道岔元件或道岔元件编号,如 W303,此时所选元件被打上灰色底色。

(2) 在对话框中的命令显示栏(在 LOW 的左下角)单击“岔区逻空”命令,再单击对话框中的“执行”按钮,在 15 秒内单击“释放一”按钮,在 10 秒内单击“释放二”按钮,否则安全相关命令操作会被自动取消,而且在未单击“释放二”之前,可以通过单击“取消”按钮来取消安全相关命令操作,如图 11-14 所示。

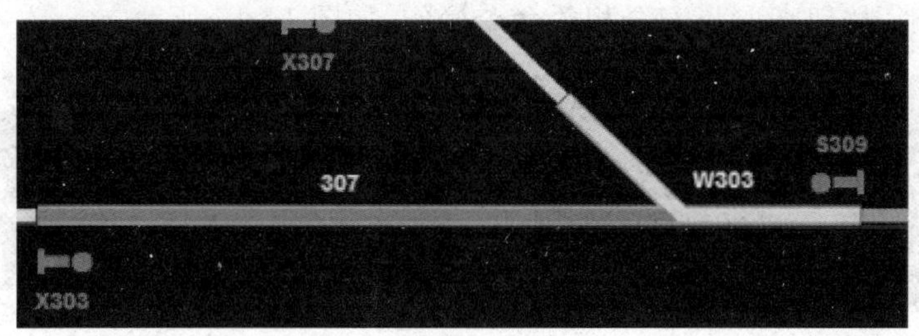

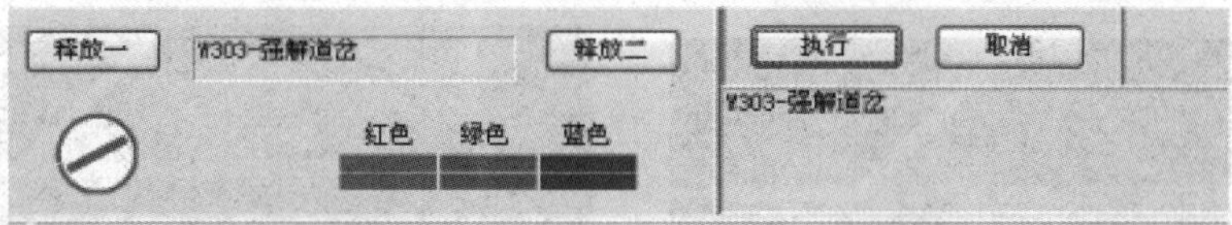

图 11-13　强解道岔

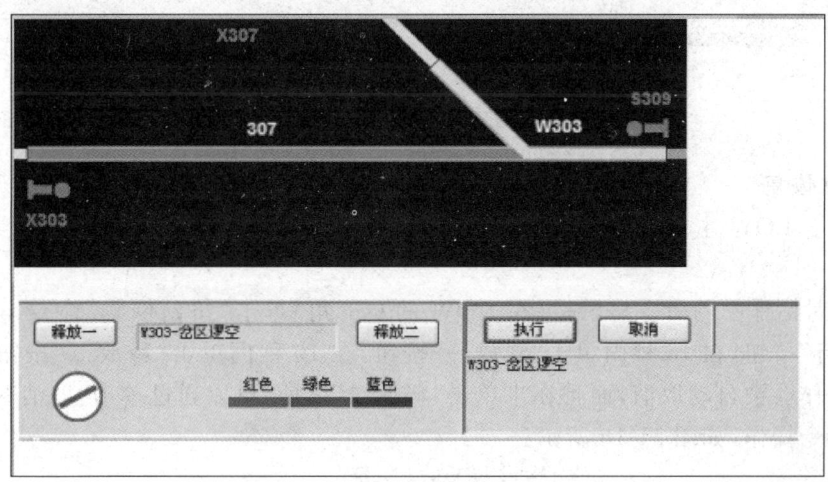

图 11-14　岔区逻空

7. 岔区设限和岔区消限

(1) 单击 LOW 主窗口上的道岔元件或道岔元件编号,如 W303,此时所选元件被打上灰色底色。

(2) 在对话框中的命令显示栏(在 LOW 的左下角)单击“岔区设限”命令,再单击对话框中的“执行”按钮,在 15 秒内单击“释放一”按钮,在 10 秒内单击“释放二”按钮,否则安全相关命令操作会被自动取消,而且在未单击“释放二”之前,可以通过单击“取消”按钮来取消安全相关命令操作。

(3) 如果取消对道岔区段的限速,则在对话框中的命令显示栏(在 LOW 的左下角)单击“岔区消限”命令,并单击对话框中的“执行”按钮,在 15 秒内单击“释放一”按钮,在 10 秒内单击“释放二”按钮,否则安全相关命令操作会被自动取消,而且在未单击“释放二”之前,可以通过单击“取消”按钮来取消安全相关命令操作，如图 11-15 所示。

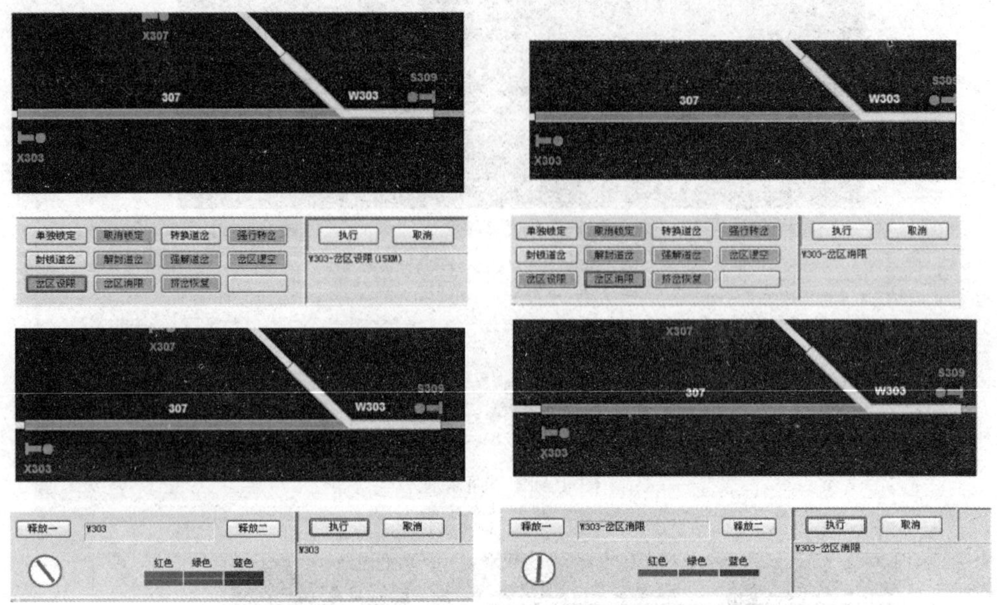

图 11-15　岔区设限和岔区消限

8. 挤岔恢复

(1) 单击 LOW 主窗口上的道岔元件或道岔元件编号，如 W303，此时所选元件被打上灰色底色。

(2) 在对话框中的命令显示栏(在 LOW 的左下角)单击“挤岔恢复”命令，再单击对话框中的“执行”按钮，在 15 秒内单击“释放一”按钮，在 10 秒内单击“释放二”按钮，否则安全相关命令操作会被自动取消，而且在未单击“释放二”之前，可以通过单击“取消”按钮来取消安全相关命令操作，如图 11-16 所示。

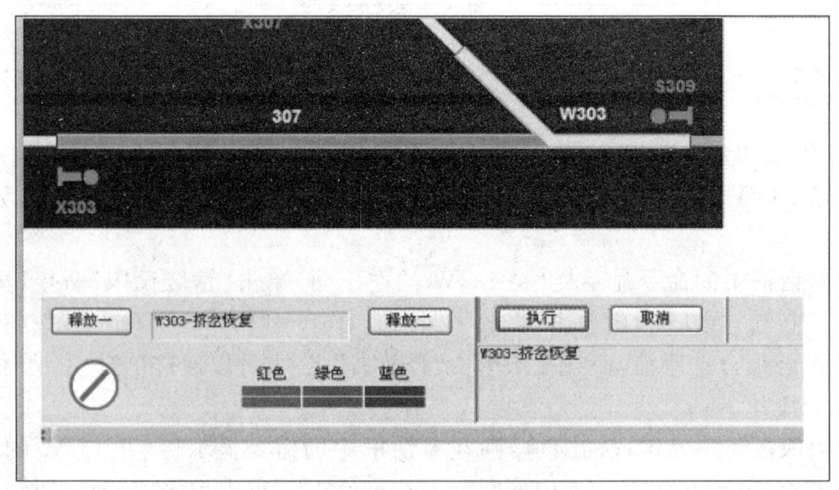

图 11-16　挤岔恢复

11.6　对轨道区段单独操作

1. 封锁和解封区段

（1）单击 LOW 主窗口上的轨道元件或轨道元件编号，如 306，此时所选元件被打上高亮底色。

（2）在对话框中的命令显示栏（在 LOW 的左下角）单击“封锁区段”命令，再单击对话框中的“执行”按钮即可。

（3）如果允许通过该区段排列进路，则在对话框中的命令显示栏（在 LOW 的左下角）单击“解封区段”命令，并单击对话框中的“执行”按钮，在 15 秒内单击“释放一”按钮，在 10 秒内单击“释放二”按钮，否则安全相关命令操作会被自动取消，而且在未单击“释放二”之前，可以通过单击“取消”按钮来取消安全相关命令操作，如图 11-17 所示。

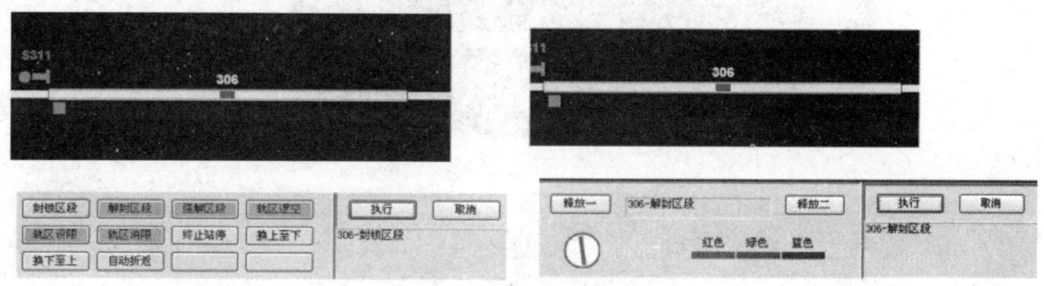

图 11-17　封锁和解封区段

2. 强解区段

（1）单击 LOW 主窗口上的轨道元件或轨道元件编号，如 306，此时所选元件被打上高亮底色。

（2）在对话框中的命令显示栏（在 LOW 的左下角）单击“强解区段”命令，再单击对话框中的“执行”按钮，在 15 秒内单击“释放一”按钮，在 10 秒内单击“释放二”按钮，否则安全相关命令操作会被自动取消，而且在未单击“释放二”之前，可以通过单击“取消”按钮来取消安全相关命令操作，如图 11-18 所示。

3. 轨区逻空

（1）单击 LOW 主窗口上的轨道元件或轨道元件编号，如 306，此时所选元件被打上高亮底色。

（2）在对话框中的命令显示栏（在 LOW 的左下角）单击“轨区逻空”命令，再单击对话框中的“执行”按钮，在 15 秒内单击“释放一”按钮，在 10 秒内单击“释放二”按钮，否则安全

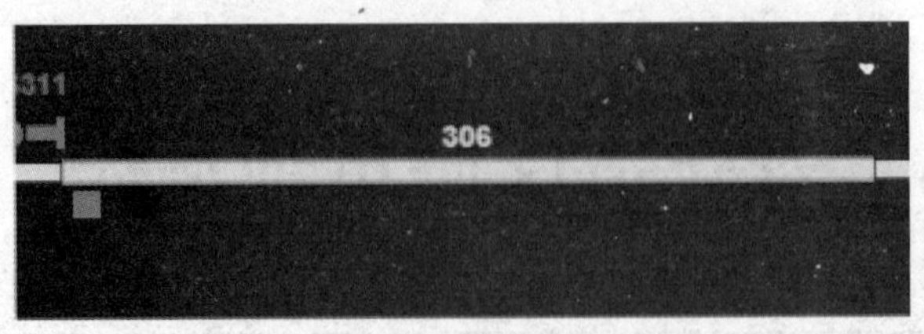

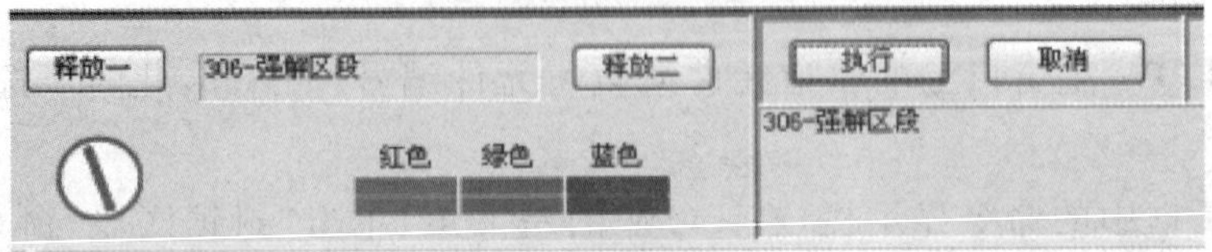

图 11-18　强解区段

相关命令操作会被自动取消,而且在未单击“释放二”之前,可以通过单击“取消”按钮来取消安全相关命令操作,如图 11-19 所示。

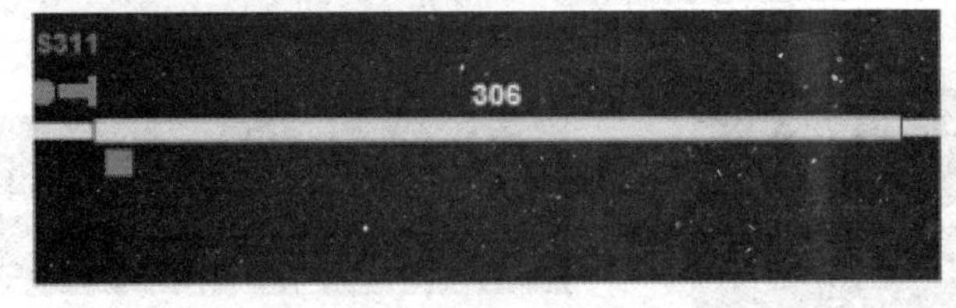

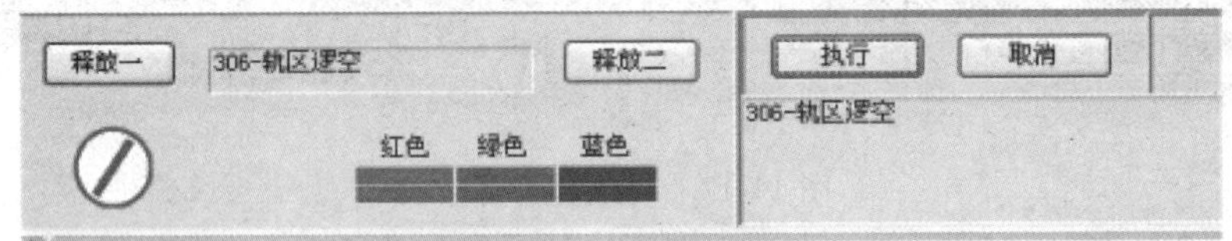

图 11-19　轨区逻空

4. 轨区设限和轨区消限

(1) 单击 LOW 主窗口上的轨道元件或轨道元件编号,如 306,此时所选元件被打上高亮底色。

(2) 在对话框中的命令显示栏(在 LOW 的左下角)单击“轨区设限”命令,再单击对话框中的“执行”按钮,在 15 秒内单击“释放一”按钮,在 10 秒内单击“释放二”按钮,否则安全相关命令操作会被自动取消,而且在未单击“释放二”之前,可以通过单击“取消”按钮来取消安全相关命令操作。

(3) 如果取消轨道区段的限速,则在对话框中的命令显示栏(在 LOW 的左下角)单击“轨区消限”命令,并单击对话框中的“执行”按钮,在 15 秒内单击“释放一”按钮,在 10 秒内单击“释放二”按钮,否则安全相关命令操作会被自动取消,而且在未单击“释放二”之前,可以通过单击“取消”按钮来取消安全相关命令操作,如图 11-20 所示。

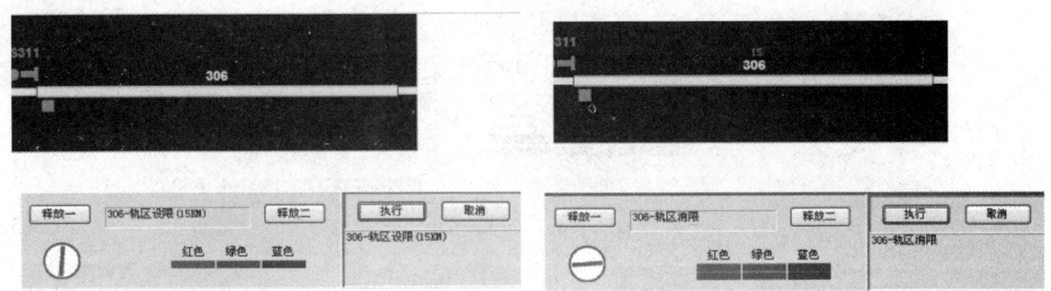

图 11-20　轨区设限和轨区消限

5. 终止站停

(1) 单击 LOW 主窗口上的轨道元件或轨道元件编号,如 306,此时所选元件被打上高亮底色。

(2) 在对话框中的命令显示栏(在 LOW 的左下角)单击"终止站停"命令,再单击对话框中的"执行"按钮即可,如图 11-21 所示。

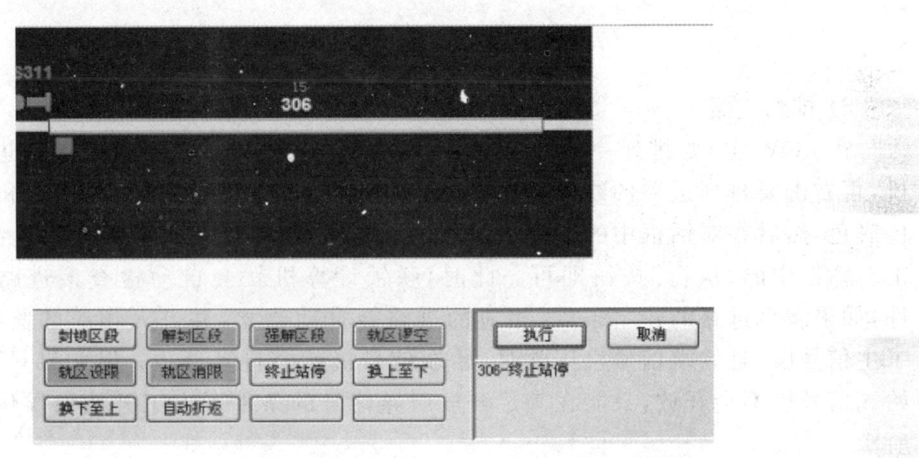

图 11-21　终止站停

11.7　接发车操作

1. 手动控制模式下的接发车操作

1) 强行站控

在 LOW 上,选择"强行站控"命令,如图 11-22 所示,车站将强行从 OCC 取得控制权。C-LOW 端会有提示警报,确认后车站即可获得控制权,如图 11-23 所示。

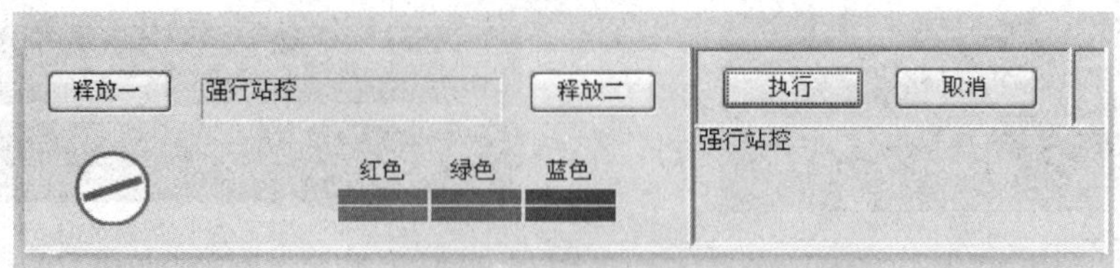

图 11-22 强行站控

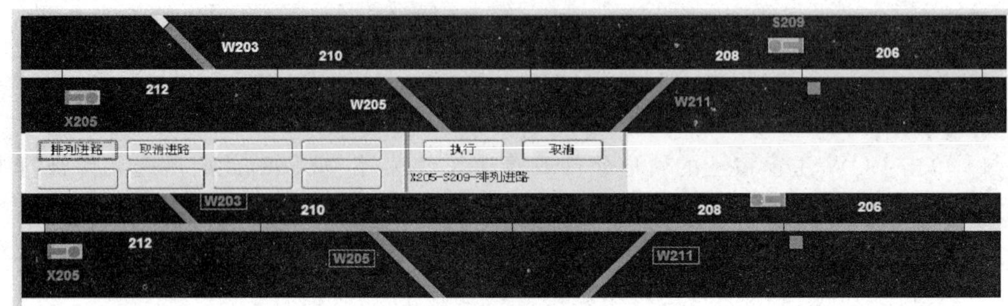

图 11-23 强行站控后显示

2）排列进路

在 LOW 上，要排列一条基本进路，只要单击 LOW 主窗口上要排列进路的始端信号机，再右击要排列进路的终端信号机，此时所选始端信号机和终端信号机都会被打上灰色底色，然后在对话框中的命令显示栏（在 LOW 的左下角）单击“排列进路”命令，最后单击对话框中的“执行”按钮即可。此时，联锁计算机就会自动检查该进路的进路建立条件，如果满足进路的建立条件，相应的进路会自动建立，并进入相应的监控层，如果达到了主信号层，且始端信号机正常时，始端信号机就会自动开放；但如果只达到了引导层，始端信号机不会开放，只能在满足开放引导信号的条件下人工开放引导信号，如图 11-24 所示。

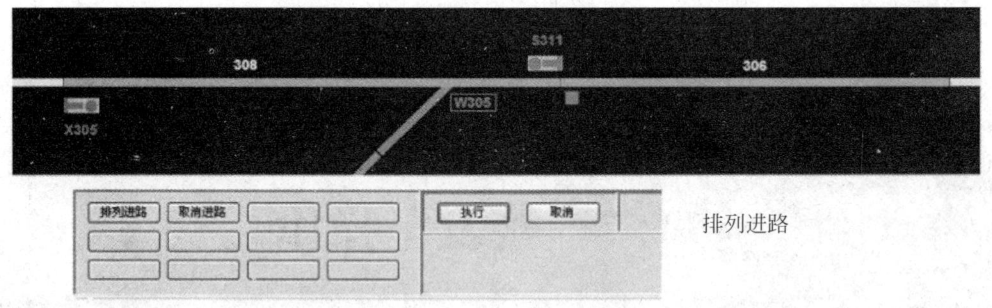

图 11-24 排列进路

3）取消进路

在 LOW 上，要取消一条已排好的进路，只要单击 LOW 主窗口上该进路的始端信号机，再右击该进路的终端信号机，此时所选始端信号机和终端信号机都会被打上灰色底色，然后在对话框中的命令显示栏（在 LOW 的左下角）单击“取消进路”命令，最后单击对话框中的“执行”按钮即可，如图 11-25 所示。

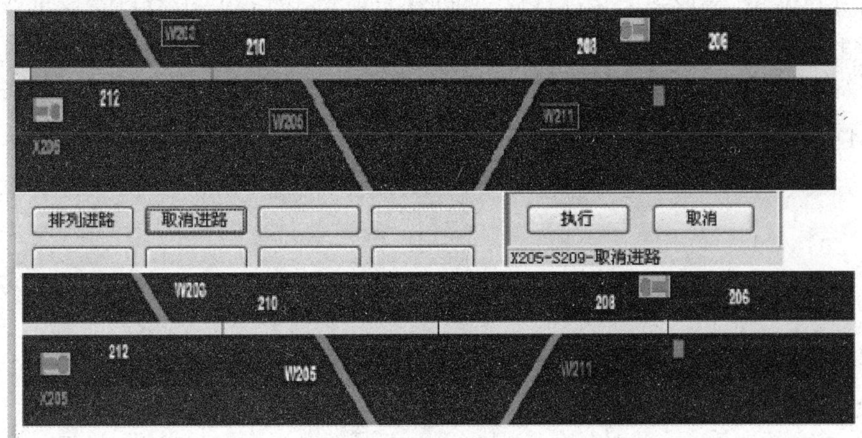

图 11-25　取消进路

2. 自动接发车操作

(1) 绿色：处于自动排列进路状态。

(2) 自排进路功能：在 ATS 系统中实现，可以根据不同目的地码，自动排列不同的相应进路。

(3) “自排全开”命令：全部信号机处于人工排列进路状态。

(4) “跟踪全开”命令：全部信号机取消联锁自动排列进路状态。

(5) 自排全开的字体为白色，一旦打开了自排功能则自排全开字体为绿色。对于追踪进路，如果打开追踪功能，追踪进路字体为黄色；没有打开追踪功能，则追踪进路字体为白色。

11.8　列车人工折返进路排列的操作

(1) 列车进入进站场。

(2) 在 LOW 上，要排列一条基本进路，只要单击 LOW 主窗口上要排列进路的始端信号机，再右击要排列进路的终端信号机，此时所选始端信号机和终端信号机都会被打上灰色底色，然后在对话框中的命令显示栏(在 LOW 的左下角)单击“排列进路”命令，最后单击对话框中的“执行”按钮即可。此时，联锁计算机就会自动检查该进路的进路建立条件，如果满足进路的建立条件，相应的进路会自动建立，并进入相应的监控层，如果达到了主信号层，且始端信号机正常时，始端信号机就会自动开放；但如果只达到了引导层，始端信号机不会开放，只能在满足开放引导信号的条件下人工开放引导信号。

(3) 在 LOW 上，要取消一条已排好的进路，只要单击 LOW 主窗口上该进路的始端信号机，再右击该进路的终端信号机，此时所选始端信号机和终端信号机都会被打上灰色底色，然后在对话框中的命令显示栏(在 LOW 的左下角)单击“取消进路”命令，最后单击对话框中的“执行”按钮即可。

第12章

控制中心值班员角色

12.1 列车计划操作

在 TGI 工作平台上进行“添加运行线”的操作，以增加一条新的运行线路，对于所绘制的线路，要事先设置好站点及停靠时间。然后可以通过“调整”和“修改”来对计划进行站点、时间等的调整，及车次、车号的编排和修改。

12.2 对车站的信号操作

1. 封锁信号

首先用鼠标选择相应的信号机，单击界面中的“封锁信号”按钮，再单击“执行”按钮，信号机出现蓝色的闪烁状态，即为封锁状态，如图 12-1 所示。

2. 自排单开和自排单关

自排单开：先选择相应的信号机，单击“自排单开”按钮，再单击“执行”按钮即可。

自排单关：用鼠标选择相应的信号机，再单击“自排单关”按钮，然后单击“执行”按钮。

执行情况如图 12-2 所示。

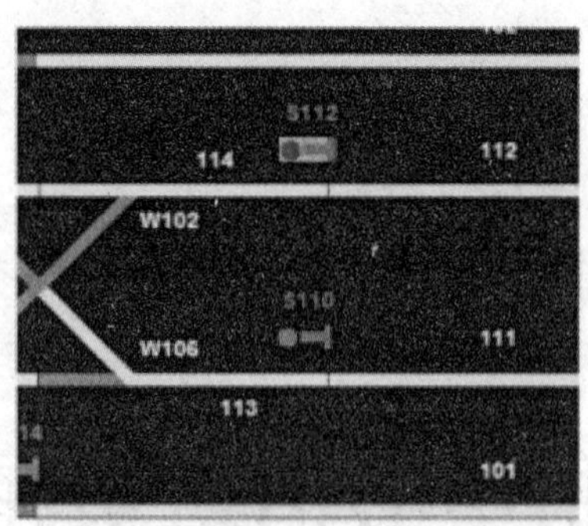

图 12-1　封锁信号

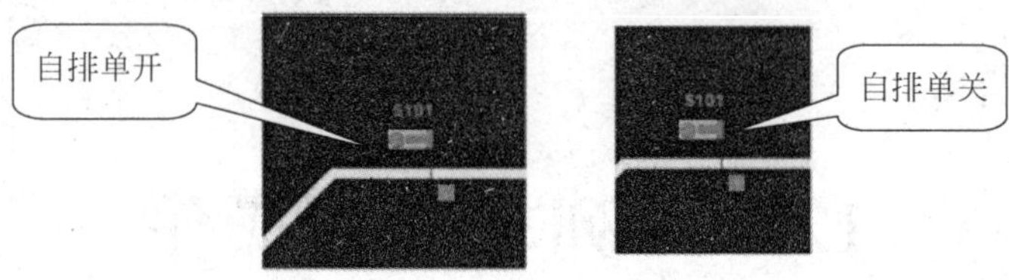

图 12-2　自排单开和自排单关

3．跟踪单开和跟踪单关

跟踪单开：用鼠标选择相应的信号机，再单击"跟踪单开"按钮，然后单击"执行"按钮即可。

跟踪单关：用鼠标选择相应的信号机，再单击"跟踪单关"按钮，然后单击"执行"按钮。

执行情况如图 12-3 所示。

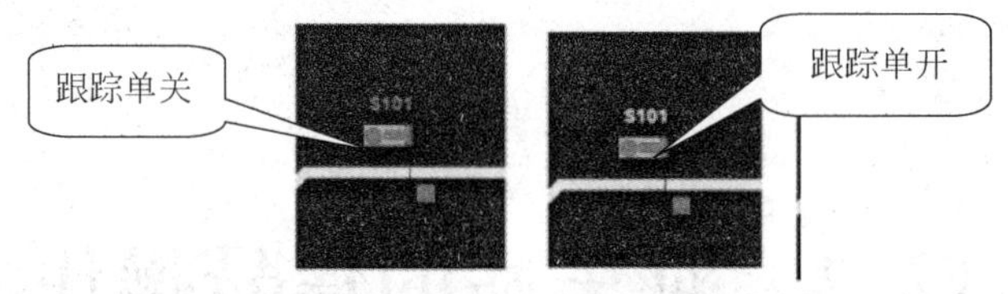

图 12-3　跟踪单开和跟踪单关

12.3　远程遥控办理进路操作

远程遥控办理进路的操作步骤如下：

(1) 单击 C-LOW 主窗口上要排列进路的始端信号机；

（2）右击要排列进路的终端信号机；

（3）单击“排列进路”按钮；

（4）单击对话框中的“执行”按钮；

（5）选择排列进路，单击“中止站停”按钮；

（6）单击对话框中的“执行”按钮。

操作执行界面如图 12-4 所示。

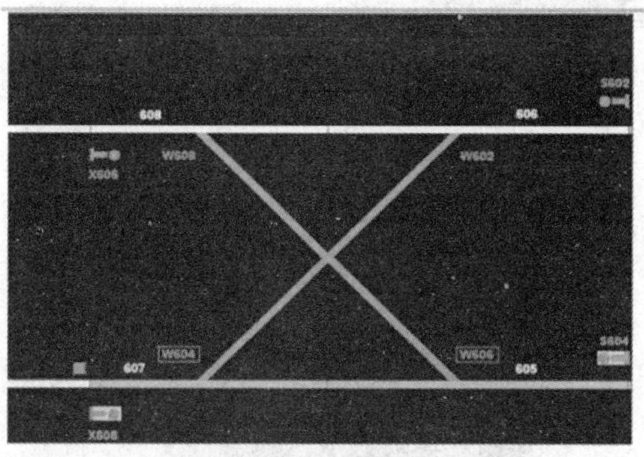

图 12-4　远程遥控办理进路

12.4　模拟故障功能

系统针对道岔设置三种类型的故障：道岔挤岔故障（如图 12-5 所示）、道岔无表示故障（如图 12-6 所示）和道岔逻辑占用故障（如图 12-7 所示）。

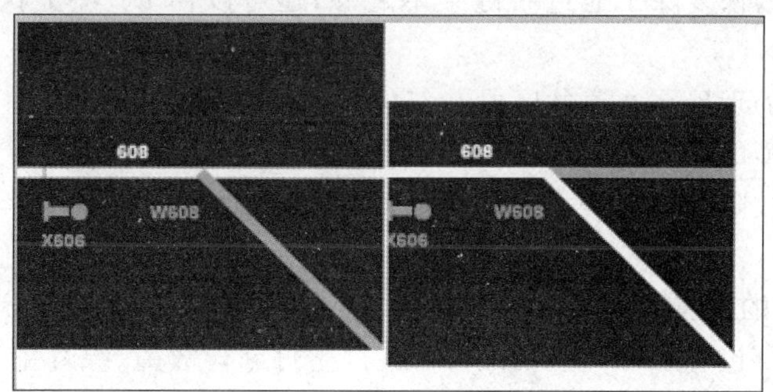

图 12-5　道岔挤岔故障图

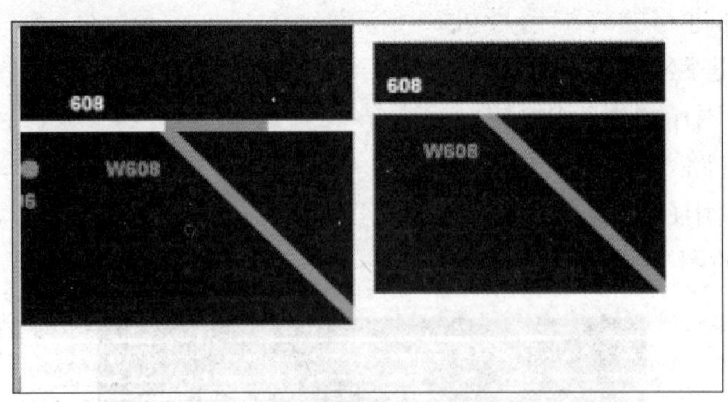

图 12-6　道岔无表示故障图

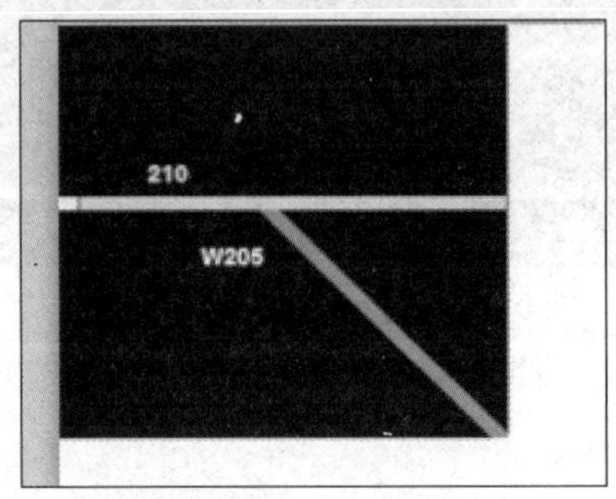

图 12-7　道岔逻辑占用故障图

1. 道岔故障的设置和恢复

1）设置故障操作

只有在 C-LOW 上才能设置故障，其设置故障的方式为：先按住键盘上的 Ctrl 键不松手，然后右击道岔区段，在弹出的快捷菜单中选择需要设置的故障。

2）恢复故障操作

如果需要恢复故障，即取消故障，可以通过在键盘上按住 Ctrl 键，右击道岔区段，在弹出的快捷菜单中选择“******* 恢复”命令实现。

道岔逻辑故障的恢复除了通过右键菜单之外，还可以在 LOW 上执行“道岔逻空”命令完成。

道岔挤岔故障的现象——道岔区段左右位长闪。

道岔无表示故障的现象——道岔左位或右位短闪。

道岔逻辑占用故障的现象——道岔颜色粉红色显示。

2. 信号灯故障的设置和恢复

系统针对信号灯设置三种类型的故障：红灯主灯断丝故障、绿灯主灯断丝故障、黄灯主灯断丝故障。

1）故障设置操作

先按住键盘上的 Ctrl 键不松手，然后右击信号机，在弹出的快捷菜单中选择需要设置的故障。

2）故障恢复操作

如果需要恢复故障，即取消故障，可以通过在键盘上按住 Ctrl 键，右击道岔区段，在弹出的快捷菜单中选择“ ******* 恢复”命令实现。

信号机故障设置之后，其信号机的编号将会出现闪烁，故障恢复之后编号闪烁将消失，如图 12-8 所示。

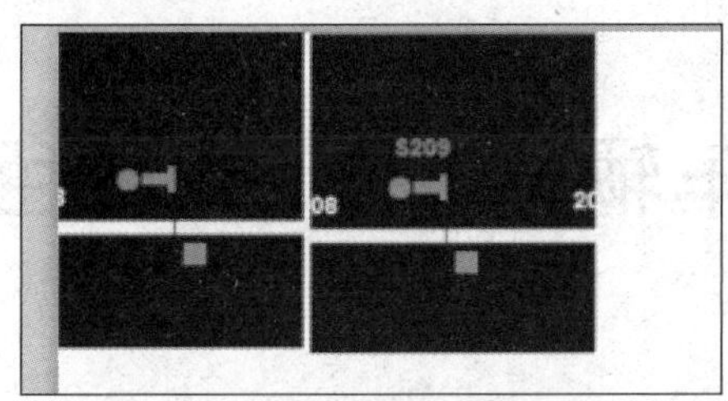

图 12-8　红灯主灯断丝故障

12.5　设置车次号的操作

1. 车次号的设置

(1) 不能随意填写，必须严格按照车次号编号规则进行输入，如果按照运行图行车，输入的车次号必须与运行计划相吻合。

(2) 当前列车处在车辆段，就不一定设置 6 位的车次号，只需要将服务号设置好即可，服务号为两位数字，与列车编号相同。如 1 号车服务号为“01”。

2. 设置操作

在 TCS 列车控制系统控制面板的右下角有一个按钮“设置车次”，执行后会打开车次号设置窗口，在窗口中有车次号输入框和区段列表，输入正确的车次号，并在区段列表中选中该车目前实际所压的轨道区段编号，单击“确定”按钮。

第13章

车辆段值班员角色

13.1 CBI的组成

1. CBI界面组成

车辆段控制端启动CBI软件，如图13-1所示，屏幕显示按站场图形布置，平时显示的灰色光带为基本的轨道图形。在屏幕上竖线表示的灰色绝缘为区段绝缘(普通绝缘)。

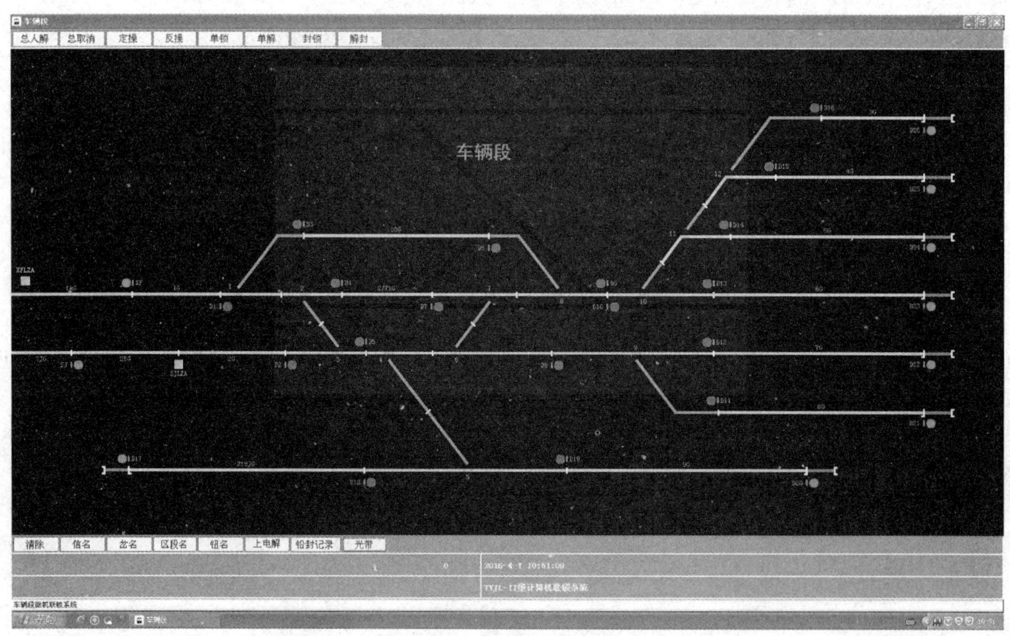

图13-1 车辆段工作界面

屏幕图形显示各种颜色的含义如下：

1）轨道区段

灰色光带——基本图形；白色光带——进路在锁闭状态；

红色光带——轨道区段有车占用；绿色光带——区段出清后尚未解锁；

蓝色光带——进路初选状态；青色光带——接通光带。

2）列车信号

红色——信号关闭；绿色——信号开放。

3）调车信号

蓝色——调车信号机关闭；白色——调车信号机开放；

白色外框(方形)——表明信号处于封闭状态，按钮失效。

4）信号名称显示含义

绿色闪光——办理列车作业，始端或终端按钮按下，进路尚未排通；

黄色闪光——办理调车作业，始端或终端按钮按下，进路尚未排通。

5）道岔名称及显示含义

道岔岔尖处用缺口表示道岔位置，无缺口的一侧表示道岔开通位置。在显示器上，道岔岔心处的短绿光带表示定位，短黄光带表示反位。

红色——道岔单独锁闭；

白色——道岔封锁；

灰色——按下道岔名称按钮，显示全部道岔名称。

道岔单独锁闭的含义是指可通过该道岔锁定位置排进路，但不能操作；道岔封闭是指不能通过该道岔排进路，但道岔可以单独操作。道岔封闭是专为电务人员维修道岔而设。

2. 按钮设置

采用鼠标控制的站场，利用单击鼠标左键来实现在屏幕上单击"按钮"的功能，屏幕上设置的按钮有通用按钮及其他按钮。除信号和道岔按钮外其他按钮平时都隐含在屏幕内，在屏幕空白处单击，屏幕上方出现功能按钮，在屏幕空白处再次单击可取消这些按钮。

1）信号按钮

用股道旁的列车信号机作列车按钮，用调车信号机作调车按钮。列车按钮用鼠标右键，调车按钮用左键。另外，列车终端按钮为绿色方块。

2）功能按钮

包括"总取消""总人解""定操""反操""单锁""单解""封锁""解封"等按钮。办理时，先单击功能按钮，屏幕上出现该功能的提示，只能有效一次，凡是单击带口令的按钮时，屏幕均有计数器记录使用次数。

3）道岔按钮

屏幕上道岔岔尖处为道岔按钮，双动道岔两端均为道岔按钮，点压任意一个均可。

4）上电解锁按钮(上电解)

开机或人工切换时，出现全场锁闭，只有此时才可以点压，"上电解"按钮解锁，其他任何时候均不可以按压此按钮。用鼠标的站场，屏幕上平时无显示，办理时，单击鼠标左键，屏幕上显示"上电解"按钮，点压此按钮前，必须确认全场车列已停止运行，否则将可能造成迎面解锁。点压上电解锁按钮必须按照屏幕提示输入口令。

5）信号名称按钮（信名）

全场设一个，点压后屏幕上出现所有信号机名称，再点压一次显示消失。

6）道岔名称按钮（岔名）

全场设一个，点压后屏幕上出现所有道岔名称及道岔所在位置，绿色短光带表示道岔处于定位，黄色短光带表示道岔处于反位，再点压一次显示消失。

7）接通光带按钮（光带）

全场设一个，点压后屏幕上沿着道岔开通位置用青色光带显示，再点压一次消失。

8）清除按钮

全场设一个，点压后可清除屏幕上提示窗口内不需要的汉字提示。对于任何已点压但尚未执行的按钮，可通过点压该按钮取消操作。

9）铅封记录按钮

全场设一个，点压之后会打开一个窗口，窗口中记录了需要输入口令的命令操作的次数。

13.2 车辆段操作

1. 信号的开放

控制台上操纵按钮办理进路后，满足下列条件时信号即可自动开放：

（1）进路空闲；

（2）有关道岔转换至规定位置；

（3）敌对进路未建立；

（4）进路处于锁闭状态。

信号机应设灯丝监督装置，不间断地检查正在点亮的灯泡灯丝的完整性。信号点灯电路应具有主、副灯丝自动转换功能，主灯丝断丝后能自动转换至副灯丝继续点亮灯光，室内控制台上有相应的灯光和声音报警装置。

2. 信号的关闭

已经开放的信号，在下列情况应能自动关闭：

（1）列车信号：当列车进入该信号机内方第一个轨道区段时。

（2）调车信号：当调车机车车辆全部越过开放的调车信号，即出清调车进路接近区段。若接近区段留有车辆，则车列出清调车信号内方第一个轨道区段时信号关闭。

（3）当信号显示与防护进路的条件不符合时（如进路上轨道电路故障、道岔位置改变，或信号灯丝断丝等)。

(4) 办理取消或人工解锁进路时。

3. 道岔的转换

在不受锁闭的条件下,联锁道岔允许单独操纵,根据在控制台上的操作,能够进路式选动。但单独操纵优先于进路式选动,在进路式选动过程中,如果尖轨转换遇阻不能转换到底时,为保护电动机,允许单独操纵转回原来位置。

为保证列车和调车作业安全,联锁道岔一经起动,则不受列车或调车车列进入道岔区段的影响,应继续转换到位。

转换到位后控制台有相应定位或反位表示,联动道岔只有两端尖轨均转换到位才能构成位置表示。

4. 道岔的锁闭

除进路锁闭外,联锁道岔还有以下锁闭方式。

(1) 区段锁闭:道岔区段有车占用时,区段内有关道岔不能转换,称为区段锁闭,此时控制台上有关道岔区段显示红色光带。

(2) 单独锁闭:即利用控制台上道岔按钮断开道岔控制电路,使该道岔不能转换。对道岔进行单独锁闭后,控制台上该道岔表示灯显示红灯。

(3) 故障锁闭:即在故障情况下道岔区段被锁闭,此时控制台上有关道岔区段显示白色光带。例如,列车经过进路后,由于分路不良使部分轨道区段不能解锁,控制台遗留有白色光带。

联锁道岔受到上述任一种锁闭时,应保证机车车辆通过道岔时,道岔不能启动。

上述锁闭方式均属于对道岔进行电气锁闭,即通过断开转辙机的控制电路,使转辙机不能转换。除上述锁闭方式外,当设备故障时,为保证行车安全,使用钩锁器对道岔进行现场加锁以及钉固道岔等都是车务部门常用的锁闭道岔方式。

5. 办理入段和出段进路的操作

(1) 在车辆段控制软件,单击“上电解”按钮,输入密码“123”,此时所有轨道变为灰色。

(2) 右击界面中的SJ,可以看到SJ呈绿色闪烁,再单击SJLZA,此时出段路段变为白色,即开通入段进路。

(3) 右击XF,看到SF呈绿色闪烁,再单击XFLZA,此时出段路段变为白色,即开通出段进路。

6. 办理段内调车进路的操作

(1) 单击想要开通区段起始端蓝色圆形调车信号,信号呈黄色闪烁。

(2) 单击结束端蓝色圆形调车信号,排列进路,进路排列成功变为白色。注意:左端选择区段下方的信号,右端选择区段上方的信号。

7. 进洗车线、维修库、存车库的操作

(1) 单击列车所在位置的蓝色圆形调车信号,信号名称黄色闪烁。单击洗车线上的信号,排列列车进洗车线进路。

(2) 列车在 3G 路段,先排列进路 D16—D2,将车开到路段 2G。

(3) 再排列进路 D2—D12,将列车开入洗车线。

(4) 单击列车所在位置的蓝色圆形调车信号,信号名称黄色闪烁。

(5) 单击维修库 3G—6G 路段上的信号,排列列车进存车库,列车开入维修库。

(6) 将车停留在维修库轨道存入车库。

8. 试车线试车操作

(1) 单击列车所在位置的蓝色圆形调车信号,信号名称黄色闪烁。

(2) 单击试车线上的信号,排列列车进试车线进路,列车开入试车线。

(3) 列车现在在 7G 路段,需先排列进路 D12—D2,将车开入 2G 路段。

(4) 再排列进路 D2—D19,将车开入 9G 路段。

(5) 按步骤(1)、(2)排列进路的方法在试车线上往返排进路,将列车来回试开。

13.3 基本操作原则

车辆段联锁设备采用双按钮操纵方式,办理进路、取消和人工解锁进路、单独操作道岔都要按压两个按钮才能动作设备,这样可以防止由于误操作按钮造成信号设备错误动作。

1. 进路锁闭

进路锁闭指的是进路排通、防护进路的信号开放后,进路上有关道岔不能转换,有关敌对信号不能开放。控制台上办理好进路后,从防护进路的信号开始至进路的终端显示白色光带,称该进路处于锁闭状态。集中联锁的道岔区段是锁闭的主要对象,进路锁闭的实质是由构成该进路的各轨道区段的锁闭构成的。

2. 接近区段的规定

进路的接近区段,一般指的是信号机外方的第一轨道电路区段。进路排通、防护进路的信号开放后,接近区段空闲时的进路锁闭又称为进路的预先锁闭,接近区段有车占用时的进路锁闭又称为进路的接近锁闭。进路的锁闭程度不同,人工办理进路解锁时采用的方式也不同。

3. 进路的自动解锁

进路的自动解锁是指进路锁闭信号开放后，随着列车越过信号机进入进路或调车机车车辆的牵出、折返，进路上有关轨道区段自动解锁，控制台上相应轨道区段的白色光带自动熄灭。

进路的自动解锁根据电路动作的特点不同，有两种情况：

（1）正常解锁：也称为逐段解锁，即列车或调车机车车辆顺序占用和出清进路的各轨道区段后，进路上的轨道区段自动顺序解锁。

（2）调车中途返回解锁：在调车过程中，调车机车车辆未压上或部分压上的轨道区段，能够随着调车机车车辆的折返而自动解锁。

4. 人工办理解锁进路及解锁轨道区段

人工办理解锁进路指的是进路建立后，不经列车或调车机车车辆运行，经人为操作将进路解锁。

（1）当进路处于预先锁闭时，办理“取消解锁”，可将进路解锁。

（2）当进路处于接近锁闭时，须办理“人工解锁”，才能将进路解锁。

当进路处于接近锁闭办理人工解锁进路时，进路需经过 3min 或 30s 的延时才能解锁。设置延时解锁，是为了防止解锁原有进路改办其他进路时，处于接近区段的列车或调车机车车辆可能由于停车不及时冒进信号而压上正在转换的道岔。延时能够确保列车或调车机车车辆有足够的停车时间。

“取消解锁”与“人工解锁”两种方式的区别在于使用的按钮不同，操作时执行的手续不同，具体操作将在后文详细介绍。

（3）当发生车站停电后恢复供电，以及进路没有完全解锁等情况时，控制台上全部或部分轨道区段显示白色光带，此时有关区段均处于锁闭状态，须办理“区段人工解锁”手续，才能将有关轨道区段解锁。

5. 引导接车

办理列车进段时，当有关信号机、轨道电路或道岔等故障时，进段信号不能正常开放，应使用引导接车的方式将列车接入车辆段内。

实 践 篇

车站值班员是根据行车运行图、列车编组计划、调度命令和有关规定，组织办理接发列车及调车作业的人员。行车调度是日常的指挥中心，负责组织行车，实现按运行图运行以及遇到突发事件能正确指导车站及有关行车部门进行工作等职责。车辆段是铁路行车系统的重要单位之一，主要负责列车车辆(不包含机头)的运营、整备、检修等工作。

实验室模拟环境的工作项目主要包括车站值班员、行车调度员及车辆段运转员对主要信号机操作、道岔操作、轨道区段操作、办理进路操作等。所需的实验条件为：城市轨道交通沙盘、模拟列车、LOW模拟软件、LOW操作台、列车控制数据库软件、ATC软件、OCC控制中心设有通信服务器、数据库服务器、计划图编辑系统(ATS部分)、C-LOW等。

列车车次号一般为6位，左边两位为目的地码，中间两位为服务号，右边两位为序列号。目的地码的个位偶数为上行，奇数为下行，顺序编号。服务号为列车出段投入服务时的顺序编号，在正常运行中一般不变动，如“01”代表1号物理车。序列号是按列车运行顺序及方向顺序编制，一般上行为偶数，下行为奇数。如车次号“410132”，“41”表示目的地码，“01”表示服务号，“32”表示序列号。

14.3　道岔的单独操作

一、目的

（1）了解道岔在 LOW 中的显示含义。

（2）掌握道岔的命名操作方法。

二、建议课时

本项目适用课时为 2 课时。

三、过程及步骤

1. 了解道岔显示

道岔在显示器上的显示如图 14-1 所示，其相应的注解为：1 道岔编号；2 道岔编号框；3 轨道区段编号；4 道岔根部；5 道岔根部延伸；6 道岔右位；7 道岔右位延伸；8 道岔左位；9 道岔左位延伸；10 道岔区段限速标记；11 选择框。

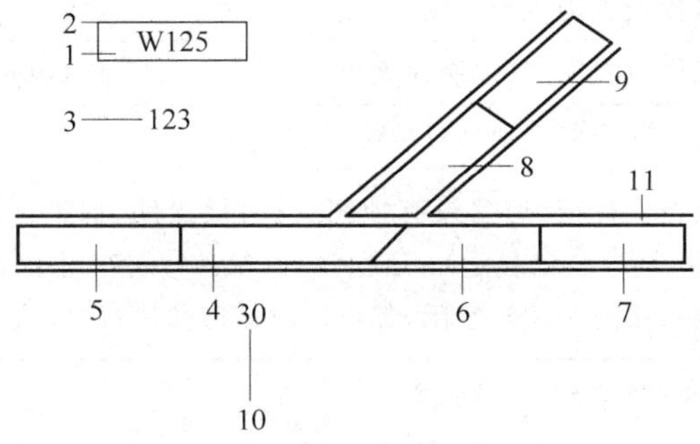

图 14-1　道岔的显示分解图

2. 岔体颜色表示含义

（1）黄色：常态、空闲、没有被进路征用。

（2）绿色：空闲、被进路征用。

（3）红色：占用、物理占用。

（4）粉红色：占用、逻辑占用。

（5）道岔中部深蓝色：表示该区段已被封锁，拒绝通过该区段排列进路。（如果轨道中部深蓝色闪烁，表示对该区段已进行封锁操作，但对下一条进路才有效。）

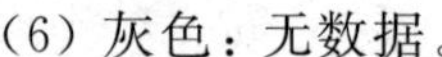

(6) 灰色：无数据。

3. 道岔操作

对道岔进行操作，必须单击LOW主窗口上的道岔元件或道岔元件编号，此时所选元件被打上灰色底色，然后在对话框中的命令显示栏(在LOW的左下角)单击所需的命令，最后单击对话框中的“执行”按钮即可。

4. 常规命令表(见表14-3)

表14-3 常规命令表

按钮缩写	命令含义	命令类型
单独锁定	锁定单个道岔，阻止转换	R
取消锁定	取消对单个道岔的锁定，道岔可以转换	S
转换道岔	转换道岔(道岔区段逻辑空闲；道岔没有被锁闭(没有被进路、保护区段、侧防征用)；道岔没有挤岔；道岔没有(单独)锁定)	R
强行转岔	轨道区段占用时强行转换道岔(道岔区段非逻辑空闲；道岔没有挤岔；道岔没有(单独)锁定；道岔没有被锁闭(没有被进路、保护区段、侧防征用))	S
封锁道岔	禁止通过道岔排列进路，但道岔可通过转换道岔命令进行位置转换	R
解封道岔	允许通过道岔排列进路	S
强解道岔	解锁进路中的道岔(如果接近区段及进路无车，道岔区段立即解锁，有车将会延时解锁30秒)	S
岔区逻空	把道岔区段设置为逻辑空闲	S
岔区设限	对道岔区段设置限速(限制速度可设为15、30、45和60km/h)	S
岔区消限	取消对道岔区段的限速(C-LOW没有)	S
挤岔恢复	取消挤岔逻辑标记(道岔没有锁闭(没有被进路、保护区段、侧防征用)；道岔挤岔(挤岔显示)；道岔没有(单独)锁定)注：不管道岔区段是逻辑占用还是逻辑空闲，都可以对该道岔执行“挤岔恢复”命令	R

注：命令类型栏中“R”为普通命令，“S”为安全命令。

四、讨论、思考与习题

(1) 简述道岔的显示含义。

(2) 办理对指定道岔的转换作业，并单独锁定道岔。

(3) 办理对指定道岔的封锁作业，解封作业。

(4) 办理对封锁道岔强行转岔。

(5) 办理对指定道岔的设限。

(6) 分组讨论挤岔后，站台值班员的工作流程。

14.4　轨道区段的单独操作

一、目的

（1）了解道岔在轨道区段的显示含义。

（2）轨道区段的命名操作方法。

二、建议课时

本项目适用课时为2课时。

三、过程及步骤

1. 轨道区段的显示

轨道区段在LOW上的显示如图14-2所示。图中的标注说明为：1轨道区段编号；2轨道头部；3轨道中部；4运营停车点；5紧急停车显示标记；6限速标记；7选择框。

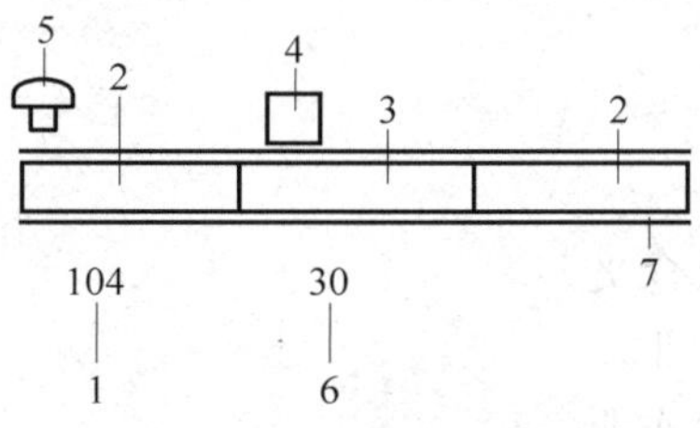

图14-2　轨道区段构成

2. 轨道区段体部

轨道区段(含道岔区段)有六种优先等级颜色在LOW上显示，从高到低分别为：灰色、深蓝色、粉红色、红色、绿色或淡绿色、黄色。例如，通过某一轨道区段排列进路后，此区段发生红色光带故障，则此区段优先显示红色，同时覆盖了绿色和黄色。

黄色：常态，表示为空闲，没有被进路征用。

绿色：空闲，被进路征用。

红色：物理占用。

粉红色：逻辑占用。

轨道中部深蓝色：表示该区段已被封锁，拒绝通过该区段排列进路。(如果轨道中部深蓝色闪烁，表示对该区段已进行封锁操作，但对下一条进路才有效。)

灰色：无数据(轨道电路设备与联锁计算机连接中断)。

3. LOW 上对轨道区段的操作

对轨道区段进行操作，先单击 LOW 主窗口上的轨道元件或轨道元件编号，此时所选元件被打上灰色底色，然后在对话框中的命令显示栏(在 LOW 的左下角)单击所需的命令，最后单击对话框中的“执行”按钮即可。

4. 常规命令表(见表 14-4)

表 14-4 常规命令表

按钮缩写	命令含义	命令类型
封锁区段	禁止通过该区段排列进路(如果该轨道区段已存在进路，只对下一条进路生效)	R
解封区段	允许通过该区段排列进路	S
强解区段	解锁进路中的该区段	S
轨区逻空	把区段设为逻辑空闲	S
轨区设限	设置轨道区段的限速(只能在没有进路的情况下执行。设限只能由高往低设，不能由低往高设，也就是说，如果原来设置了 15km/h 的限速，这时不能直接设为 30km/h 的限速，必须在消限后才可以设为 30km/h 的限速。但是如果原来是设为 60km/h 的，可以在不消限的情况下设为 45、30、15km/h)	S
轨区消限	取消轨道区段的限速	S
终止站停	取消运营停车点	R

注：命令类型栏中“R”为普通命令，“S”为安全命令。

四、讨论、思考与习题

(1) 简述轨道区段的显示含义。

(2) 办理轨道区段设限作业。

(3) 办理对轨道区段封锁作业。

14.5 LOW 办理进路操作

一、目的

掌握 LOW 办理进路的操作方法。

二、建议课时

本项目适用课时为2课时。

三、过程及步骤

1. 排列基本进路

在LOW上，要排列一条基本进路，只要单击LOW主窗口上要排列进路的始端信号机，再右击要排列进路的终端信号机，此时所选始端信号机和终端信号机都会被打上灰色底色，然后在对话框中的命令显示栏(在LOW的左下角)单击"排列进路"命令，最后单击对话框中的"执行"按钮即可。

此时，联锁计算机就会自动检查该进路的进路建立条件，如果满足进路的建立条件，相应的进路会自动建立，并进入相应的监控层，如果达到了主信号层，且始端信号机正常时，始端信号机就会自动开放；但如果只达到了引导层，始端信号机不会开放，只能在满足开放引导信号的条件下人工开放引导信号。

2. 取消基本进路

在LOW上，要取消一条已排好的进路，只要单击LOW主窗口上该进路的始端信号机，再右击该进路的终端信号机，此时所选始端信号机和终端信号机都会被打上灰色底色，然后在对话框中的命令显示栏(在LOW的左下角)单击"取消进路"命令，最后单击对话框中的"执行"按钮即可。

四、讨论、思考与习题

(1) 办理列车对指定路径的排列进路实验。

(2) 办理列车对指定路径的取消进路实验。

14.6 LCP工作盘操作

一、目的

掌握LCP办理扣车紧急停车的方法。

二、建议课时

本项目适用课时为2课时。

三、过程及步骤

1. LCP对紧急停车的操作

紧急停车的有效范围是相应的站台区段及其相邻的区段。

(1) 紧急停车的操作步骤及现象

① 在LCP盘上按压相应的紧急停车按钮。

② LCP盘上相应的紧急停车指示灯亮红灯，并发出电铃报警声音，同时在LOW上相应的站台区段出现红色蘑菇闪烁。

③ 执行切除报警操作，按压相应的切除报警按钮，消除报警声音。

(2) 放行时的操作步骤及现象

① 在LCP盘上按压相应的取消紧停按钮。

② LCP盘上相应的紧急停车指示灯灭，并发出电铃报警声音，同时在LOW上相应的站台区段的红色蘑菇消失。

③ 此时应执行切除报警操作，按压相应的切除报警按钮，消除报警声音。

2. LCP对扣车的操作

(1) "扣车"操作的步骤及现象

在LCP盘上按压相应的"扣车"按钮，在LCP盘上相应的扣车指示灯红灯闪烁，同时在LOW上发生B类报警，记录了对应的站台区段的扣车提示内容，并发出报警声音，此时应单击LOW基础窗口上音响按钮，消除报警声音。

(2) 进行"放行"操作的步骤及现象

在LCP盘上按压相应的"取消扣车"按钮，在LCP盘上相应的扣车指示灯灭，然后再按压相应的"扣车"按钮一次(复位)，最后再按压相应的"取消扣车"按钮一次(复位)。

3. LCP对灯光测试的操作

在LCP盘上按压相应的"灯光测试"按钮，此时LCP盘上相应的指示灯会进行闪烁，如果相应的灯光没有闪烁，说明灯光已经断丝或损坏。

四、讨论、思考与习题

(1) 办理列车对指定车次列车的扣车实验。

(2) 办理列车对指定车次列车的紧急停车实验。

第15章

OCC行车调度员

15.1 自排和追踪下自动接发列车

一、目的

(1) 掌握 TCS 列车控制系统的使用方法。

(2) 能够在自排全开情况下办理接发列车作业。

(3) 掌握在 TCS 中设置车次号。

二、建议课时

本项目适用课时为 6 课时。

三、过程及步骤

(1) 在 TGI(列车运行图编辑和监视系统)中选择要运行的计划运行图。

(2) 根据计划运行图在各车次始发车站线路上放置列车。

(3) 根据计划运行图在 TCS(列车控制系统)中对相应列车设置车次号。

在控制面板的右下角有一个按钮“设置车次”,执行后会打开车次号设置窗口,在窗口中有车次号输入框和区段列表,输入正确的车次号,并在区段列表中选中该车目前实际所压的轨道区段编号,单击“确定”按钮。

注意车次号的设置不能随意填写,必须严格按照车次号编号规则进行输入,如果是按照运行图行车,输入的车次号必须与运行计划相吻合。

如果当前列车处在车辆段，就不一定设置6位的车次号，只需要将服务号设置好即可，服务号为两位数字，与列车编号相同。如1号车服务号为“01”。

(4) 在C-LOW上开启自排全开。

(5) 调整系统模拟时间。

(6) 应用载入计划。

四、讨论、思考与习题

(1) 简述在线路上放置列车的注意事项。

(2) 如何设置车次号?

(3) 说明自排和追踪的区别。

15.2 列车按计划运行图运行实验

一、目的

(1) 掌握TGI列车运行图编辑和监视系统。

(2) 掌握载入计划运行图。

(3) 能使列车按计划运行图运行。

二、建议课时

本项目适用课时为4课时。

三、过程及步骤

(1) 在TGI中选择计划运行图。

(2) 根据计划运行图在各车次始发车站线路上放置列车。

(3) 根据计划运行图在TCS中对相应列车设置车次号。

(4) 调整系统模拟时间，修改模拟时间的操作方法是：单击菜单栏上的“修改时间”按钮，在打开的“设置时间”窗口中手动修改需要设置的设计值，然后单击“确定”按钮，这时，计划主窗口中的当前时间线会调整到刚才设置的时间位置。

（5）应用载入计划。

四、讨论、思考与习题

（1）为何要调整系统模拟时间？

（2）如何载入自定义计划？

（3）如何调整系统模拟时间？

15.3　列车运行图的绘制、调整和监控

一、目的

（1）掌握在 TGI 上绘制列车运行图的方法。

（2）掌握修改和调整运行线的方法。

（3）了解通过 TGI 对列车运行情况进行监控。

二、建议课时

本项目适用课时为 6 课时。

三、过程及步骤

（1）绘制列车运行线。

（2）修改和调整运行线。

（3）保存计划。

（4）管理计划。

四、讨论、思考与习题

（1）绘制一张运行图。

（2）在绘制好的运行图上增加一条列车交路。

注意事项：要按照规定运行时分绘制运行图。

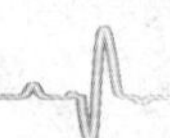

附表 1 区间运行时分表

区间名称	时间/min
实验楼站——体育馆站	3
体育馆站——图书馆站	3
图书馆站——二号楼站	4

附表 2 折返站折返时间定义

折返站名称	时间/min
二号楼站	7

15.4 C-LOW 远程控制车站联锁设备

一、目的

(1) 掌握 C-LOW 中心操作站。
(2) 了解在 C-LOW 上对联锁设备进行操作。
(3) 掌握 C-LOW 上对联锁、进路、轨道区段、道岔、信号机、车站的操作。

二、建议课时

本项目适用课时为 4 课时。

三、过程及步骤

1. C-LOW 上对联锁的操作

在 C-LOW 显示屏空白处单击左键或刚登记进入后出现在命令栏内的所有命令,均为对联锁的操作的命令(见表 15-1)。

表 15-1 常规命令表

按钮缩写	命令含义	命令类型
自排全开	全部信号机处于自动排列进路状态(根据目的地码排列进路)	R
自排全关	全部信号机处于人工排列进路状态	R

续表

按钮缩写	命 令 含 义	命令类型
追踪全开	全部信号机处于联锁自动排列进路状态	R
追踪全关	全部信号机取消联锁自动排列进路状态	R
关区信号	关闭联锁区全部信号机,并封锁	R
交出控制	向 OCC 交出控制权(只有在 LOW 上执行了“交出控制”操作,控制中心(ATS)才可以执行“接收控制”,从而取得控制权)	R
接收控制	从 OCC 接收控制权(只有在接收控制权以后,在 LOW 上的操作才有效)	R

注：命令类型栏中“R”为普通命令,“S”为安全命令。

2. C-LOW 上对进路的操作

信号系统正常时,进路可自动排列。需要时,也可在 C-LOW 上或在 LOW 上排列进路(见表 15-2)。

表 15-2 常规命令表

按钮缩写	命 令 含 义	命令类型
排列进路	排列进路	R
取消进路	取消进路	R

注：命令类型栏中“R”为普通命令,“S”为安全命令。

(1) 排列基本进路

在 C-LOW 上,要排列一条基本进路,只要单击 C-LOW 主窗口上要排列进路的始端信号机,再右击要排列进路的终端信号机,此时所选始端信号机和终端信号机都会被打上灰色底色,然后在对话框中的命令显示栏(在 C-LOW 的左下角)单击“排列进路”命令,最后单击对话框中的“执行”按钮即可。

此时,联锁计算机就会自动检查该进路的进路建立条件,如果满足进路的建立条件,相应的进路会自动建立,并进入相应的监控层,如果达到了主信号层,且始端信号机正常时,始端信号机就会自动开放;但如果只达到了引导层,始端信号机不会开放,只能在满足开放引导信号的条件下人工开放引导信号。

(2) 取消基本进路

在 C-LOW 上,要取消一条已排好的进路,只要单击 C-LOW 主窗口上该进路的始端信号机,再右击该进路的终端信号机,此时所选始端信号机和终端信号机都会被打上灰色底色,然后在对话框中的命令显示栏(在 C-LOW 的左下角)单击“取消进路”命令,最后单击对话框中的“执行”按钮即可。

3. C-LOW 上对轨道区段的操作

对轨道区段进行操作,必须单击 C-LOW 主窗口上的轨道元件或轨道元件编号,此时所选元件被打上灰色底色,然后在对话框中的命令显示栏(在 C-LOW 的左下角)单击所需的命令,最后单击对话框中的“执行”按钮即可。

4. C-LOW 上对道岔的操作

对道岔进行操作，必须单击 C-LOW 主窗口上的道岔元件或道岔元件编号，此时所选元件被打上灰色底色，然后在对话框中的命令显示栏（在 C-LOW 的左下角）单击所需的命令，最后单击对话框中的“执行”按钮即可。

5. C-LOW 上对信号机的操作

对信号机进行操作，必须单击 C-LOW 主窗口上的信号机元件或信号机元件编号，此时所选元件被打上淡蓝色底色，然后在对话框中的命令显示栏（在 C-LOW 的左下角）单击所需的命令，最后单击对话框中的“执行”按钮即可。

四、讨论、思考与习题

（1）如何在 C-LOW 上对联锁设备进行操作？
（2）如何在 C-LOW 上对道岔设备进行操作？
（3）如何在 C-LOW 上对轨道区段进行操作？
（4）如何在 C-LOW 上对信号机进行操作？

15.5 C-LOW 故障模拟

一、目的

（1）能设置和恢复道岔故障。
（2）能设置和恢复轨道区段故障。
（3）能设置和恢复信号灯故障。

二、建议课时

本项目适用课时为 4 课时。

三、过程及步骤

1. 道岔故障的设置和恢复

（1）设置故障

只有在 C-LOW 上才能设置故障，其设置故障的方式为：先按住键盘上的 Ctrl 键不松手，然后右击道岔区段，在弹出的快捷菜单中选择需要设置的故障。

(2) 恢复故障

如果需要恢复故障，即取消故障，可以通过在键盘上按住 Ctrl 键，右击道岔区段，在弹出的快捷菜单中选择“ ******* 恢复”命令完成。

道岔逻辑故障的恢复除了通过右键菜单之外，还可以在 LOW 上执行“道岔逻空”命令完成。

2. 轨道区段故障的设置和恢复

(1) 设置故障

只有在 C-LOW 上才能设置故障，其设置故障的方式为：先按住键盘上的 Ctrl 键不松手，然后右击轨道区段，在弹出的快捷菜单中选择需要设置的故障。

(2) 恢复故障

如果需要恢复故障，即取消故障，可以通过在上按住 Ctrl 键，右击轨道区段，在弹出的快捷菜单中选择“ ******* 恢复”命令完成。

3. 信号灯故障的设置和恢复

(1) 故障设置

先按住键盘上的 Ctrl 键不松手，然后右击信号灯，在弹出的快捷菜单中选择需要设置的故障。

(2) 故障恢复

如果需要恢复故障，即取消故障，可以通过在键盘上按住 Ctrl 键，右击信号灯，在弹出的快捷菜单中选择“ ******* 恢复”命令完成。

四、讨论、思考与习题

(1) 如何恢复道岔故障？

(2) 如何恢复轨道区段故障？

(3) 如何恢复信号灯故障？

第16章

车辆段运转值班员

16.1　车辆段信号与道岔单独操作

一、目的

（1）掌握车辆段信号机单独操作方法。

（2）掌握车辆段道岔单独操作方法。

二、建议课时

本项目适用课时为 6 课时。

三、过程及步骤

1. 取消解锁

总取消＋进路始端(总取消和清除按钮)。

2. 解锁

人工解锁：总人解＋进路始端＋口令 123。

二次解锁：总人解＋进路终端＋口令 123。

始端信号机显示蓝色名字。区段出现红色光带，进路无法解锁(防止迎面解锁)，只能引导总锁闭接车。

无岔区段绿光带：总人解＋两端最近信号机＋口令 123。

排列进路：列车右键，调车左键。

3. 区段故障解锁

故障解＋道岔按钮(鼠标指针变成手形)＋口令 789。解锁故障区段修复后的绿色光带；进路始、终端存在时，使用故障解方式不能解锁进路。

4. 引导进路锁闭

S(X)引导＋口令 234。第一区段红色光带要单击引导或进站保持信号。

解锁：总人解＋始端(进站)＋口令 123(解除引导锁闭)。

二次解锁：总人解＋进路始端＋口令 123(在原排的进路故障直接使用引导接车时，解除进路锁闭)。

5. 引导总锁闭

S(X)引总＋口令 369＋ S(X)引导＋口令 234。

解锁：总人解＋ S(X)引总＋口令 123(解除引导锁闭)。

二次解锁：总人解＋进路始端＋口令 123(在原排的进路故障直接使用引导接车时，解除进路锁闭)。

6. 闭塞操作

闭塞(下排)＋ S(X)闭塞或 S(X)复原＋确认；S(X)事故＋口令 147。

7. 道岔操作

定(反)操或单锁(解)＋道岔。定绿反黄，挤岔或无表示红色；单锁道岔红色名字。

8. (清)封闭道岔(信号)

(清) 封闭＋道岔(信号)，信号机外套上白色方框、道岔显示白色名字。

9. 上电解锁

上电解锁＋口令 258。可用故障解替代分别解锁两头各道岔区段的绿色光带锁闭。

四、讨论、思考与习题

(1) 办理对指定信号机的开放、关闭、封锁、解封实验。

(2) 办理列车对指定道岔的定位、反位、锁定、解锁试验。

16.2 办理进路操作

一、目的

掌握车辆段排列进路的操作方法。

二、建议课时

本项目适用课时为6课时。

三、过程及步骤

1. 列车进路操作

先点压始端信号按钮，例如X信号，相应的X信号名称出现绿色闪光，并在屏幕下端提示："始端—XA"。再点压终端信号按钮，例如点压S1信号，相应的S1信号名称绿闪，屏幕下端提示变为："始端—X—终端—S1"。若满足选路条件，则开始动岔、锁闭进路、开放信号。若选路条件不满足，则在提示下面输出不满足的原因，如："******* 道岔被封锁""******* 设备被征用"。

2. 调车进路

调车进路同样点压始端、(变更)、终端按钮办理。

调车进路的办理方法和显示与列车进路相同。

3. 对原铅封按钮的相应办理

为办理慎重起见，相对于原铅封按钮点压后，屏幕将提示输入口令，点压口令后操作才被执行，微机系统自动记录，并且在屏幕提示栏有记录显示。

4. 误办的进路

需要变更时，需点压"总取消"或"总人解"按钮和"始端"按钮取消进路；当接近区段有车占用时，必须点压"总人解"按钮和进路始端按钮，延时30秒或3分钟后解锁。

车列出清道岔区段和股道时先显示绿色光带，待进路解锁后恢复灰色光带。

5. 单独操纵和单独锁闭道岔

道岔区段在锁闭状态时，允许办理单独操纵道岔，同时点压"定操"(反操)按钮和"道岔"

按钮来完成。

点压“单锁”按钮和“道岔”按钮，完成道岔锁闭操作，屏幕将显示红色道岔号。需要解锁，点压“单解”和“道岔”按钮即可实现道岔解锁。

6. 封锁信号和封锁道岔

先单击封锁按钮，再单击信号按钮或道岔按钮，这时信号机外套上白色方框，道岔编号显示白色，表明信号机按钮已不能再进行操作，道岔也不能再排路。

7. 解封信号和道岔

先单击“解封”按钮，再单击信号按钮或道岔按钮，这时信号机外的白色方框消失或白色道岔名消失，表明该信号或道岔的封闭取消。

四、讨论、思考与习题

（1）简述办理指定区段的排列进路操作。

（2）简述办理指定区段的取消进路操作。

参考文献

[1] 林瑜筠.城市轨道交通信号[M].北京：中国铁道出版社，2008.

[2] 汪松滋，何其光，何宗华.城市轨道交通运营组织[M].北京：中国建筑工业出版社，2003.

[3] 谭复兴，邱薇华，方宇.城市轨道交通概论[M].北京：中国铁道出版社，2013.

[4] 王青林.城市轨道交通通信与信号系统[M].北京：人民交通出版社，2012.

[5] 上海申通地铁集团有限公司，轨道交通培训中心.城市轨道交通运营调度[M].北京：中国铁道出版社，2013.

[6] 李云飞，杨图南.城市轨道交通行车组织实训指导书[M].昆明：云南人民出版社，2013.